I0766764

TRUMP 2020

Una Voz que Clama en el Desierto

RODRIGO QUEZADA

Dedicado a los estadounidenses que aman a Dios

y a la nación de Israel.

ÍNDICE DE CONTENIDO

AGRADECIMIENTOS

Antes que nada, mi eterna gratitud al Dios de Abraham, Isaac y Jacob, por bendecirme de nuevo: esta vez al haberme permitido alcanzar un sueño de toda una vida: escribir un libro y no un libro cualquiera sino uno que estoy seguro tendrá gran impacto en los eventos por venir y que muy bien podría ser un último llamado a los estadounidenses para enderezar sus sendas, y que a la vez me permite ser parte de la profunda transformación que ya está en marcha en aquel maravilloso país.

Desde el fondo de mi corazón, un enorme "gracias" a mi inconcebiblemente hermosa esposa, Verónica, el amor de mi vida, por su inspiración y confianza, por todo lo que juntos hemos compartido y por lo que está por venir.

Finalmente, mi amor y aprecio a Adrián, mi primogénito y a Elena, mi pequeñita preciosa, por ser ambos pruebas vivientes de la misericordia de nuestro Creador y por soportar pacientemente mis muchos defectos como su padre.

NOTA DEL AUTOR

Lo pueda usted creer o no, publicar este libro me resultó quizá más difícil que escribirlo. No sé si lo mismo les suceda a todos los que alguna vez han intentado escribir algo con la finalidad de publicarlo, pero sin duda fue el caso para mí.

El hecho de que éste haya sido mi primer libro fue definitivamente un factor. Ingenuamente, asumí que una vez terminado el manuscrito todo sería cuestión de encontrar a alguien que lo editara y le diera una revisada al texto, firmar un contrato con una casa editorial ansiosa por publicarlo, para luego sentarme relajadamente a observar cómo ejemplares del mismo por montones volaban de los anaqueles de las librerías.

¡Nada más alejado de la realidad! Dado lo controversial del tema, algo tan sencillo como lograr que alguien le dedicara unas cuantas horas a editar y revisar el texto resultó ser una tarea imposible. Ni se diga, lograr que alguien evaluara al material para ver si realmente tenía "potencial".

Tras meses de batallar inútilmente, me vi sin más alternativa que autopublicarlo sin haber sido previamente editado o revisado, lo cual resultaba ser algo de especial significancia dado que la primera versión que saqué al mercado fue en inglés, que no es mi lengua materna.

Al final, no me quedó más remedio que aventurarme a "lanzarlo" así, a sabiendas de que debido a mi imperfecto inglés seguramente los lectores encontrarían vergonzosos errores ortográficos, gramaticales y de puntuación, entre otros.

Debo de reiterarles a mis lectores hispano-parlantes las mismas disculpas que hice a quienes amablemente han leído la versión en inglés ya que, de igual manera, esta vez decidí publicar la versión en español, que yo mismo traduje, sin hacerla revisar por un experto, no porque me sienta confiado de mi dominio del español, aunque sin duda es mejor que mi inglés, sino para evitarme el desgastante proceso que hacerlo hubiese implicado. De igual manera, seguramente usted, mi amable lector, encuentre algunos errores y conceptos no del todo claros, que se hubieran podido evitar, por lo cual de antemano le ofrezco una sincera disculpa.

Al igual que con la primera versión en inglés, el hecho de que usted esté leyendo estas líneas únicamente puede ser atribuido a un inexplicable milagro.

INTRODUCCIÓN

Siento el más profundo respeto y admiración hacia el señor Donald J. Trump y elogio la convicción y valentía con la que ha defendido los derechos constitucionales, la seguridad y el bienestar del pueblo de los Estados Unidos de América, y su total compromiso para "Hacer que América Vuelva a Ser Estupenda de Nuevo".

Aplaudo el hecho de que él haya sido legal y democráticamente electo para convertirse en el 45º Presidente de Estados Unidos y animo a los patriotas americanos a que lo reelijan en 2020 para que dé continuidad al extraordinario trabajo que ha venido desempeñando hasta ahora durante cuatro años más.

Que el Sr. Trump sea presidente es lo mejor que le ha ocurrido a Estados Unidos y al resto del mundo, valga decirlo, en mucho tiempo, ya que es a través de su liderazgo que hoy tenemos la gran oportunidad de ponerle un hasta aquí a la insensatez y futilidad que prevalece en la sociedad moderna, tan contaminada por ideales liberales, a la vez que se sientan las bases que permitan el retorno del tan poco común sentido común.

Bueno, ahí lo tiene, *lo que he escrito, he escrito.*

Gracias a Dios, hay millones de americanos que comparten mis puntos de vista con respecto al Presidente Trump, razón por la cual lo que pongo sobre la mesa no es enteramente novedoso; sin embargo, lo que sin duda no tiene precedentes es el hecho de quien lo diga no sea un ciudadano o residente de Estados Unidos, sino un latino que siempre ha vivido y trabajado en Latinoamérica.

La lógica llevaría a pensar que cualquier persona fuera de Estados Unidos, particularmente en Latinoamérica, debería de considerar al Presidente Trump su peor enemigo y la mismísima encarnación del mal, dado que él reiteradamente utiliza un lenguaje por demás ofensivo cada vez que se refiere a los países latinoamericanos y a su gente –o al menos eso es lo que los principales medios de comunicación han "informado" a lo largo de los dos últimos años– a la vez que ha tomado acciones que han venido a afectar nuestros intereses.

Siendo así, ¿cómo es que yo, sin el más mínimo remordimiento, descarada y abiertamente, me atrevo a expresar mi admiración y respeto por el hombre al que mis compatriotas (en el sentido más amplio a incluir a personas de toda la región) consideran que no tiene sino las más perversas intenciones hacia nosotros?

En este momento (mientras escribo), puedo con toda honestidad afirmar que no sé si estas palabras llegarán a publicarse y, en caso lo sean, qué reacción producirán en las personas a mi alrededor. Puedo asumir, de cualquier manera, que no serán del todo bien recibidas por la mayoría, especialmente por los latinos y, ni se diga, por los izquierdistas en Estados Unidos.

¿Llegaré incluso a ser etiquetado de traidor y malinchista? Probablemente, aunque si así fuera es un precio que desde un inicio estuve más que dispuesto a pagar.

Por lo general, quién es el autor de un libro no es una parte importante de su narrativa (a menos de que se trate de una autobiografía), pero para éste en particular sí lo es debido a "quién soy".

No se preocupe, mi intención no es poner a prueba su paciencia ni hacerlo perder más tiempo del estrictamente necesario hablando de mí, así que iré directamente al punto de aquellos aspectos de "quién soy" que estimo indispensables como contexto de este escrito:

Nací en Guatemala en 1966, lo que me ubica ya sea como un "baby boomer" tardío o un temprano espécimen de la Generación X. Fui educado en mí país natal y he trabajado la mayor parte de mi vida adulta como consultor en temas de gestión empresarial, recursos humanos y bienestar, habiendo tenido el privilegio de hacerlo para empresas multinacionales de reconocido liderazgo, en Guatemala, en Costa Rica durante un corto tiempo y en México, en donde viví durante casi dieciséis años.

Nunca he participado en política, ni he sido miembro de ninguna entidad con fines políticos, ni he hecho proselitismo o donaciones de ningún tipo en favor de candidato alguno.

De hecho, soy una persona de clase media promedio viviendo una vida bastante privada, lo cual de ninguna manera significa que no tenga una opinión con respecto a temas políticos o a personas que se dedican a la política. Por supuesto que la tengo: soy un cristiano temeroso de Dios y, como tal, de ideales conservadores y un ferviente creyente de que la única manera como un grupo de individuos que deciden organizarse para vivir en sociedad pueden prosperar y florecer en paz es a través de un sistema de gobierno que pone a Dios como su centro; reconoce y protege como derechos humanos inalienables el derecho a la vida, a la libertad y a la búsqueda de la felicidad (como tan maravillosamente lo plasma la declaración de independencia de los Estados Unidos de América); provee un marco legal que reconoce y garantiza la propiedad privada y que los individuos gocen de total libertad religiosa y de expresión; y que protege a la familia como su más sagrada institución.

Así que, no obstante nunca he tenido interés alguno en participar en política ni probablemente lo tenga hacia adelante, he llegado a un punto en mi vida en el que no puedo permanecer callado ante tantas y tan malintencionadas mentiras que se diseminan con la intención de envenenar las mentes de tantas personas incautas y de buena fe.

Siento la urgente necesidad de compartir mis puntos de vista con relación al fenómeno que está teniendo un impacto a nivel mundial mucho mayor de lo que nunca antes me había tocado presenciar, desafiando y desquebrajando paradigmas que la mayoría de las personas en todas las latitudes aceptaban como verdades sagradas sin siquiera cuestionar su validez científica. Estoy hablando de temas como el calentamiento global; permitir que una organización tan corrupta como la Organización de las

Naciones Unidas (ONU) decida con tanta jactancia qué es bueno y qué no para la humanidad; falacias como la globalización, un mundo sin fronteras o el espejismo del "libre comercio". Estoy hablando, por supuesto, del fenómeno llamado Donald J. Trump y cómo él en tan poco tiempo ya ha logrado contener mucho del daño que tanto en Estados Unidos como en el resto del mundo han ocasionado los inescrupulosos liberales a través de imponer sus fracasados modelos económicos y sus reglas arbitrarias basadas en una pseudociencia sin mérito alguno; todo lo cual no ha hecho más que entorpecer el desarrollo humano y el progreso económico.

Uno de los aspectos de la personalidad del Presidente Trump que más admiro es que siempre dice lo que piensa y cómo sin miedo alguno se refiere a las situaciones o personas por lo que realmente son, eligiendo ser honesto antes que "políticamente correcto", como llamar a Hillary Clinton, *Crooked* (deshonesta) Hillary, o a los integrantes de la MS-13 (Mara Salvatrucha 13), animales.

Él es, de hecho, un no-político que está reescribiendo el libro de la política 140 (bueno, en realidad, 240) caracteres a la vez. No por nada el enquistado y anacrónico mundo de la política en Washington y sus fieles cómplices (los principales medios de comunicación y los gobiernos corruptos alrededor del mundo) corren desesperados como gallinas descabezadas mientras atestiguan cómo el mundo de mentiras que meticulosamente construyeron a lo largo de las últimas cinco décadas colapsa, no a través de una retórica bien planteada sino que como efecto de incuestionables y sólidos resultados.

EN EL PRINCIPIO

Hacia finales de 2014 me encontraba yo viviendo mi muy privada vida personal y ocupándome de mis propios asuntos. Por ese tiempo, fui designado para hacerme cargo de un asunto en Costa Rica, lo cual implicó pasármela viajando de manera semanal entre la Ciudad de México y San José durante los primeros seis meses de 2015.

El hecho de tener que pasar incontables noches en mi habitación del hotel en San José me brindó la oportunidad única de hacer algo que hacía mucho no podía hacer: sentarme sin distracciones a ver las noticias. Afortunadamente, el hotel en el que habitualmente me hospedaba incluía en su programación Fox News, que siempre he considerado como la única fuente confiable de información, hablando de las opciones disponibles en la televisión por cable.

Gracias a Dios que ése fue el caso, ya que de otra manera en vez de ver y escuchar a Hannity tendría que haberme aficionado a alguna telenovela o algo por el estilo, siendo que nunca he tenido el estómago para la probable única otra alternativa: ver las *fake news* (noticias falsas) que sin vergüenza alguna transmite CNN o cualquiera de los canales locales en nuestros países que la utilizan como fuente.

En algún momento durante el tiempo que estuve en Costa Rica recibí una oferta del que era en ese momento mi empleador para establecerme de manera permanente en Guatemala, la cual eventualmente acepté.

Para junio de 2015 mi encargo estaba llegando a su fin por lo que aparté un tiempo para viajar a Guatemala con la finalidad de ocuparme de múltiples temas relacionados con mi inminente reubicación, así que llamé a mi madre quien amablemente se ofreció a recogerme en el aeropuerto y a llevarme y traerme según fuera necesario.

Luego de un intrascendente vuelo desde San José, arribé al aeropuerto de la Ciudad de Guatemala en donde, tal como lo habíamos acordado, mi madre me esperaba.

Luego de abrazarnos y de la anticipada pregunta, "¿qué tal tu vuelo?", comentar acerca del clima, preguntar cómo está todo el mundo y unos minutos más de plática trivial, la conversación eventualmente nos fue llevando al tópico del momento: El anuncio recientemente hecho por el Sr. Donald Trump de que iba a contender por la presidencia de Estados Unidos, para lo cual competiría por la nominación del Partido Republicano.

De manera un tanto predecible, una pregunta de mi madre con respecto al tema, que evidentemente hacía eco de todo lo que se decía en los medios, surgió. Lo recuerdo como si hubiese sido apenas ayer:

"¿Sí estás enterado de todas las locuras que anda diciendo el tal Trump?"

"¿Locuras?" le respondí yo en un tono un tanto sarcástico.

"Sí, locuras, como que va a construir un muro a todo lo largo de la frontera con México y, por si fuera poco, ¡que México lo va a pagar! Además, por supuesto, de todos sus insultos e irrespeto hacia los latinos en general y a los mexicanos en particular."

"¡Déjame decirte que no tiene el más mínimo chance! Continuó diciendo. "¿Quién va a votar por semejante lunático? Concluyó, autoritativamente.

"Lejos de ser un lunático," dije, "es todo lo opuesto: el tipo es simplemente brillante y grabe mis palabras: Trump va a ser el próximo presidente de Estados Unidos." Puntualicé y, quizá, hasta profeticé.

Mi madre se quedó sin palabras. ¡Eso no era para nada lo que los analistas "expertos" de CNN y Univisión han estado diciendo! Por favor, el pobre loco va a competir contra dieciséis conocidos y experimentados políticos y, aunque de alguna manera se las arreglara para obtener la nominación del Partido Republicano, no tendría el más mínimo chance en contra de Hillary, ¡ella lo aplastaría!

La anterior conversación tuvo lugar el 24 de junio de 2015.

De todos es conocido el resto de la historia y cómo el Sr. Trump, desafiando toda lógica y en contra de todas las apuestas, llegó a convertirse en el 45º presidente de los Estados Unidos de América, tomando a mi madre y al resto del mundo totalmente por sorpresa.

Y ése, mi amable lector, fue el comienzo de mi solitaria cruzada que a la fecha continua.

Antes de seguir, tengo que hacer una confesión: Como la mayoría de los conservadores, cuando el Sr. Trump empezó a hacer campaña, yo no estaba del todo convencido de que él fuera tan conservador como decía serlo. No obstante, aunque realmente no lo hubiera sido, habría que haberlo elegirlo a él (¡o a quien fuese!) frente a la impensable alternativa: Hillary.

Sobra decir que para mi sorpresa y regocijo en los poco más de 500 días transcurridos desde que asumió la presidencia, Donald Trump ha hecho más por la causa conservadora que todos los presidentes republicanos que lo antecedieron juntos, demostrándole así al mundo que es sin duda un conservador de corazón.

Recuerdo una conversación que sostuve con el que era entonces mi jefe en los días previos a las elecciones de noviembre de 2016 y durante la cual yo le compartí mi total apoyo a Donald Trump y como él, luego de haber hecho su mejor esfuerzo para no perder la compostura mientras escuchaba, únicamente atinó a decir: "Sos la primera persona que conozco que le va a Trump."

Para ser justo, el hecho es que yo tampoco conocía ni conozco a muchas personas capaces de comprender mi ferviente defensa del Presidente Trump frente al consenso generalizado de que es un enfermo ególatra y una amenaza para la humanidad. De hecho, sólo puedo pensar en otro que es, al igual que yo, 100% pro-Trump: mi queridísimo tío Fernando.

De cualquier manera, desde el día en que el Sr. Trump anunció su intención de competir por la Casa Blanca, su campaña y cada momento de su presidencia han sido una travesía de fantasía para mí; ¡solitaria pero extraordinaria!

Cuando el Presidente Trump sin más sacó a Estados Unidos del Acuerdo de París o cuando le cortó los fondos a la corrupta y abiertamente anti-israelí UNESCO; la derrota fulminante de ISIS por parte del ejército norteamericano, la cual fue posible en tan poco tiempo sólo gracias a su decidido apoyo y liderazgo; el reconocimiento oficial de Jerusalén como la indivisa capital de Israel y el subsecuente traslado de la Embajada Americana de Tel Aviv a Jerusalén; el fin del nefasto acuerdo nuclear con Irán; la manera magistral como sacó adelante la reforma fiscal; la imposición de aranceles a bienes importados de países que durante décadas se habían burlando de Estados Unidos; el otorgamiento de indultos presidenciales, particularmente a Dinesh D'Souza; la postulación del hoy Juez Asociado (o Magistrado) de la Corte Suprema de Justicia, Neil Gorsuch y la nominación del Juez Kavanaugh para ocupar otra vacante en la misma; entre otros, han sido momentos que no tienen precio.

La noche del día de las elecciones cuando cambiando canales me detuve por un momento en el noticiario de Televisa (¡la capital de las noticias falsas!) y me tocó ver al insufrible y petulante conductor de noticias, Joaquín López Dóriga, impávido, totalmente descompuesto y con la voz temblorosa, mientras, reportando en vivo, se daba cuenta de que lo inconcebible e inaceptable estaba ocurriendo frente a sus ojos: Donald Trump había derrotado a Hillary Clinton… ¡otro momento que, verdaderamente, no tiene precio!

George Bernard Shaw escribió una gran verdad, sobre todo cuando se aplica a la política, que más o menos se traduciría así:

Nunca pelees con un cerdo, tú te ensucias y él se divierte.

Durante su magistral campaña, el Sr. Trump hizo exactamente eso (evitó pelear con el cerdo) y su impresionante triunfo sobre Hillary Clinton se debió en parte al hecho de que él, en vez de jugar bajo las usuales y sucias reglas de los políticos de

Washington, logró imponer las propias; enfocándose en hablarles de frente a los americanos, poniendo sobre la mesa los temas que habían sido ignorados durante demasiado tiempo, mientras que de lejos y de reojo observaba como Hillary delirantemente se revolcaba en su propia putrefacción.

Por supuesto que ha habido un lado muy negativo de mi "pro-trumpismo". Basta ver cómo les ha ido a los conservadores americanos que han osado expresar su apoyo al Presidente Trump y han sido objeto de toda la inmisericorde intolerancia, odio, resentimiento y frustración que los izquierdistas –medios de comunicación incluidos– han lanzado en su contra, para imaginar el sórdido panorama reservado para un latino en su tierra que, cual Quijote, se ha empecinado no sólo con defender sino aplaudir las políticas, decisiones, acciones y, sí, hasta las duras palabras que el Presidente Trump frecuentemente utiliza para referirse a sus connacionales.

Así que aquí estoy, tal como lo estuvo Juan el Bautista hace 1,983 años (guardando, por supuesto, las debidas proporciones), una solitaria voz clamando en el desierto, hablando la verdad que necesita ser escuchada sin importarme que tan poco popular e incómoda les resulte a la mayoría.

Como está escrito en el libro de las palabras del profeta Isaías, que dice:

"Voz del que clama en el desierto:
'Preparad el camino del Señor;
Enderezad sus sendas.
Todo valle se rellenará,
Y se bajará todo monte y collado;
Los caminos torcidos serán enderezados,
Y los caminos ásperos allanados;
Y verá toda carne la salvación de Dios.'"

(Lucas 3:4-6, RVR 1960)

CONTEXTO: ESTADOS UNIDOS EN EL ÁMBITO INTERNACIONAL

Por alguna extraña razón, cuando las personas siguen un evento como la reciente "cumbre" llevada a cabo entre el Presidente Trump y Vladimir Putin, presidente de la Federación Rusa, piensan que se trata de algo así como un choque de titanes, asumiendo que ambos se encuentran al mismo nivel.

¡Nada más apartado de la realidad! Sin lugar a dudas, los Estados Unidos de América, con un PIB (producto interno bruto) equivalente a US$20.4 millardos (billones, para los americanos), que lo ubican como la mayor economía que el mundo jamás haya visto, es una súper potencia. Y por si esto fuera poco, dicho país cuenta con el ejército más poderoso que jamás haya existido: el más capaz; mejor armado, tecnológicamente equipado y entrenado; y con el segundo mayor arsenal nuclear en todo el planeta (un total de 6,000 ojivas, de las cuales 1,800 se encuentran desplegadas y listas para usarse).

En la actualidad, las fuerzas armadas de Estados Unidos cuentan con 1,347,300 efectivos, que son menos de los que integran el ejército chino, que cuenta con 2,183,000. No obstante, mientras que Estados Unidos asigna un presupuesto anual de US$610 millardos para su defensa, China destina poco más de una tercera parte, US$216 millardos.

Rusia, por su parte, cuyo PIB es de US$1.6 millardos, se ubica como la 11ª mayor economía del mundo, por detrás de Canadá y apenas por encima de Corea del Sur; mientras que su ejército es considerado el 5º más grande, con 831,000 efectivos.

En lo que Rusia sí supera a Estados Unidos es en lo referente a capacidad nuclear, ya que ésta posee un total de 6,800 ojivas, de las cuales 1,950 están listas para ser utilizadas.

Siendo así, no cabe la menor duda de que si todo derivase en una confrontación nuclear, Rusia tendría una ventaja marginal sobre Estados Unidos. No que esto resulte importante al final de cuentas, ya que de llegarse a ese extremo ambos países al igual que el resto del mundo resultarían totalmente devastados y ninguno podría declararse ganador.

Es evidente que a partir del final de la Segunda Guerra Mundial, la entonces Unión Soviética dedicó una mayor proporción de su PIB que cualquier otro país con la finalidad de desarrollar y mantener un ejército formidable y un aún más poderoso arsenal nuclear, tal y como la Federación Rusa lo continúa haciendo hasta la fecha. Por su parte, Estados Unidos, no obstante que posee un mucho mayor y más poderoso ejército –bajo cualquier criterio a no ser el número de cabezas nucleares de que dispone– invierte una menor proporción de su PIB en su presupuesto de defensa.

Con toda honestidad, me atrevo a decir que Estados Unidos y Rusia ni siquiera juegan en la misma liga. En términos de su economía, Rusia es comparable con el estado de Texas, que viene a ser segundo mayor contribuyente al PIB de Estados Unidos, por debajo de California, cuya economía por sí sola es prácticamente el doble que la rusa (US$2.6 millardos vs. US$1.6 millardos).

De esa cuenta, cuando el presidente de la nación más poderosa del mundo se reúne con el de la 11ª economía con la finalidad de encontrar algunos puntos de acuerdo, en lo absoluto estamos frente a una conversación entre pares.

Las personas por lo general pasan por alto el hecho de que Estados Unidos cuenta con recursos de sobra para aplastar a Rusia cualquier día de la semana, ya sea económica o militarmente, si llegara a verse en la necesidad de hacerlo.

Yo asumo que el Presidente Putin está perfectamente claro de esta realidad, así que lo que le resta es tratar de presentar a su país como un contrincante formidable y como un bocado demasiado grande de deglutir, teniendo cuidando, eso sí, de no arrinconar al

Presidente Trump dejándolo sin más opción que hacer lo que ninguno quisiéramos que haga.

A estas alturas, luego de seguir muy de cerca el actuar del Presidente Trump y la manera en que éste ha tomado difíciles decisiones sin la más mínima vacilación, el Presidente Putin debe tener muy claro que no está frente a un timorato de la calaña de Obama, con quien se daba el lujo de jugar y salirse con las suyas.

De hecho, me parece, que el llamar a la reunión sostenida entre ambos líderes una "cumbre" viene a ser más una generosa deferencia hacia el Presidente Putin que un reflejo de una realidad que implica que el presidente de los Estados Unidos descienda no pocos escalones para colocarse en posición de tener una conversación cara a cara con su contraparte rusa.

Debo aclarar que de ninguna manera estoy tratando de menospreciar al Presidente Putin. La realidad es que, no obstante que no condone su total falta respeto por los derechos humanos (al menos los de sus adversarios políticos), lo respecto y admiro su estilo de liderazgo: fuerte a la vez que muy cercano a su gente, y lo considero extremadamente inteligente y astuto.

Hasta el momento he venido hablando de Rusia, el némesis que durante la guerra fría tuvo en jaque a la humanidad, por lo que ahora tocará ver cómo compara Estados Unidos con el resto de países.

Recuerdo haber visto y escuchado en las noticias durante las semanas que precedieron a la operación llamada Tormenta del Desierto, allá en el año 1991, los análisis presentados por los "expertos" con relación al riesgo que representaría para Estados Unidos una confrontación militar con Iraq, siendo que en ese entonces el ejército iraquí era considerado el 4° más poderoso del mundo, integrado por 955,000 efectivos y 650,000 fuerzas paramilitares, además de contar con una nada despreciable fuerza aérea y un buen número de tanques.

Ellos (los "expertos" analistas) predecían que para Estados Unidos, enfrentar a las fuerzas armadas iraquís inevitablemente implicaría un esfuerzo de larga duración y conllevaría un muy importante número de bajas.

De notarse era la Guardia Republicana Iraquí, cuya reputación la ubicaba como una de las fuerzas de élite más letales del mundo y a cuyos integrantes se les considera incondicionales y más que dispuestos a morir por su líder, Saddam Hussein.

Pocas semanas después, la realidad resultó ser muy diferente al desalentador escenario vislumbrado por los autoproclamados expertos, siendo que las fuerzas armadas iraquís fueron apabulladas por la coalición liderada por Estados Unidos y aquello fue, verdaderamente, una tormenta en el desierto.

Muchas historias se contaron acerca de cómo guardias republicanos se rendían sin siquiera presentar batalla ante el avance implacable de las fuerzas de la coalición, incluso arrodillados, llorando en total estado de pánico y rogando por sus vidas frente a los infantes de marina (marines) americanos.

El balance final de la confrontación es realmente impactante: Conservadoramente, se estima que las bajas iraquís alcanzaron 20,000-26,000, mientras que las correspondientes a las fuerzas armadas de la coalición apenas 341, de las cuales 146 correspondieron a soldados americanos.

Sin ninguna intención de minimizar la contribución del resto de los integrantes de la coalición, no hay duda alguna que esta brillante campaña militar no hubiese sido posible sin el involucramiento y liderazgo de Estados Unidos, en una clara demostración de lo que sus letales fuerzas militares son capaces de lograr en los tiempos modernos.

Y de esta misma manera, desde la perspectiva económica, sigue sin haber en la actualidad quien pueda rivalizar con Estados Unidos, esto a pesar de que, gracias en buena medida a la ineptitud de Barack Obama, China ha ido cerrando la brecha.

Para efectos comparativos, analicemos los datos correspondientes a 2018 del Fondo Monetario Internacional con respecto a las mayores economías del mundo:

Puesto	País	PIB (en millardos de US$)
1	Estados Unidos	20.4
2	China	14.0
3	Japón	5.1
4	Alemania	4.2
5	Reino Unido	2.94
6	Francia	2.93
7	India	2.85
8	Italia	2.18
9	Brasil	2.14
10	Canadá	1.8

De hecho, la economía de Estados Unidos es más grande que la combinada de todos los países que integran la Unión Europea (US$19.7 millardos) y cuatro veces mayor que la de todos los países de Latinoamérica y el Caribe juntos (US$5.4 millardos).

Siento que la mayoría de las personas a pesar de que están conscientes de que Estados Unidos es "grande", en realidad no dimensionan lo "Grande" que realmente es. Siendo así y dada esta ineludible realidad, ¿no sería justo que los norteamericanos exigieran del resto del mundo el respeto que se merecen en el contexto de sus relaciones bilaterales y multilaterales?

No estoy insinuando que Estados Unidos se convierta en una especie de *"bully* de las naciones", pero si yo fuera un ciudadano americano, sin duda alguna, esperaría que las personas electas y nombradas para dirigir a mi país aprovecharan y se apalancaran del mero tamaño de su economía, su alcance inigualable y sus enormes capacidades, para lograr acuerdos favorables y justos, y que se aseguraran que nuestros aliados no fueran una carga, sino que contribuyeran de manera ecuánime y proporcional en todos aquellos emprendimientos conjuntos.

No podría estar más de acuerdo con la conclusión a la que ha llegado el Presidente Trump con respecto a que los acuerdos comerciales que en el pasado ha firmado Estados Unidos, tal como es el caso del TLCAN, no sólo son inequitativos e injustos, sino que lo único que han logrado es menoscabar la industria americana.

Como consultor, durante algún tiempo me tocó asesorar a varias maquiladoras en distintas regiones de México, muchas de ellas ubicadas a pocos metros de la frontera que separa a este país de Estados Unidos, y siempre me pregunté cómo era que las empresas americanas tan irresponsable e insensiblemente habían cerrado sus plantas manufactureras en su país para moverlas del otro lado de la frontera. La razón evidente es que, debido a un incentivo artificial creado por el TLCAN a través eliminar o reducir significativamente los aranceles a los bienes manufacturados en México al que se vino a sumar el hecho de que los salarios mexicanos son abismalmente menores que los que se pagan en Estados Unidos, los productos e incluso muchos servicios "hechos en América" simplemente ya no podían competir con aquellos hechos o suministrados en o desde México.

Así que, de pronto, los consumidores en Estados Unidos se encontraron comprando a precios marginalmente menores refrigeradores, lavadoras, aires acondicionados, automóviles, televisores, y productos de consumo que iban desde jeans hasta pañales desechables, al igual que intangibles tales como servicios de reservaciones y atención post-venta vía telefónica, a expensas de miles de sus compatriotas que de la noche a la mañana se quedaron sin los medios para poner comida en sus mesas, todo con el único objetivo de que las grandes corporaciones incrementaran sus utilidades y otorgaran a sus presidentes ejecutivos sustanciosos bonos.

Lamentablemente, mientras la economía mexicana creció a un ritmo sin precedentes, poblaciones enteras y hasta grandes ciudades en el corazón de Estados Unidos fueron sofocadas hasta morir.

Y, tal como lo denunciara el Presidente Trump, mientras que el acero y aluminio canadiense entre otras muchas de sus industrias se beneficiaban de muy bajos o inexistentes aranceles de importación en Estados Unidos, en detrimento de empresas y obreros americanos, ellos (los canadienses), diligentemente, protegieron a los suyos imponiendo aranceles de importación a productos y servicios estadounidenses, tal como es el caso de los productos lácteos que están amparados por un nada despreciable arancel de 270%, sólo por poner un ejemplo.

Por otro lado, mientras que los estadounidenses aplicaban un arancel de importación a los automóviles europeos de 2.5%, éstos les correspondían aplicando un 10% a los suyos, ¡cuatro veces mayor!

En otros temas, Estados Unidos ha llevado a cuestas durante décadas 22% del presupuesto total de la Organización de las Naciones Unidas (ONU), 73% de los fondos necesarios para la operación de la Organización del Tratado del Atlántico Norte (OTAN) y sólo Dios sabe cuánto ha venido otorgando a incontables países y ONGs alrededor del mundo, a través de fondos para asistencia médica, humanitaria, desarrollo social, al igual que programas de ayuda militar, por mencionar algunos; a cambio de lo cual no recibe ni siquiera el más mínimo respeto por parte de los organismos y países beneficiarios.

Hacía mucho que no me sentía tan orgulloso de mi patria, Guatemala, como cuando hicimos lo correcto, respaldando a Estados Unidos e Israel votando en contra de la injuriosa resolución de la ONU condenando el reconocimiento de Jerusalén como la capital de éste último, y siendo el segundo país del mundo entero –tan sólo detrás de Estados Unidos– en trasladar su embajada de Tel Aviv a Jerusalén.

El regocijo que me hizo sentir la tan valiente y plausible decisión por parte del Presidente Morales, en alguna medida, contrapesan el coraje que siento en mi corazón por todas las mentiras y la difamación en contra del Presidente Trump que ya forman parte de la rutina diaria de los medios de comunicación locales, tanto en Guatemala como en México.

A lo anterior debo añadirle que ahora me toca soportar al delirante presidente electo de México convencido en su necedad y arrogancia que será capaz de burlarse y ganarle en su propio juego al que –literalmente– escribió el libro acerca del arte de la negociación.

Claro que esto es algo que únicamente ocurrirá en sus sueños, ya que en el ámbito de la realidad, él, un profesional de la política (en la más deplorable connotación posible), no tiene la más mínima oportunidad de persuadir a un exitoso y próspero hombre de negocios que ha destacado en todo lo que se ha propuesto hacer, incluyendo convertirse en el presidente de la nación más poderosa del mundo.

LATINOAMÉRICA: EL VECINO PROBLEMÁTICO DE ESTADOS UNIDOS

Amo a Guatemala, en donde nací y me crié, y también amo a México, al que considero como mi segunda patria dado que es el país que escogió el Todopoderoso para brindarme los más grandes tesoros de mi vida: mi esposa y mis dos maravillosos hijos; pero, como alguien capaz de con imparcialidad poner a un lado el sentimentalismo para dar lugar a la razón y el sentido común, no tengo más remedio que admitir que las opiniones que el Presidente Trump ha expresado en diversas oportunidades con respecto a los países al sur del Río Grande son justas y merecidas.

A propósito de lo anterior, siendo como soy una persona recta, siempre he preferido escuchar la verdad y conocer las verdaderas intenciones de los demás hacía mí que escuchar palabras zalameras mientras me apuñalan por la espalda. Siendo éste el caso, si yo fuera el presidente de Guatemala, México o cualquier otro país, preferiría tener al Presidente Trump como contraparte, lo que me aseguraría que habría total congruencia entre sus palabras y sus acciones y, siendo así, sabría a qué atenerme, que a un mentiroso traicionero como Barack Obama, que me hable palabras lisonjeras al oído mientras me traiciona cobardemente, como lo ha hecho con tantos, incluyendo a la gente a quien juró servir.

Los países de Latinoamérica han sido inmensamente bendecidos con abundantes recursos naturales: enormes reservas petroleras, metales preciosos e industriales, extensas y fértiles áreas cultivables, hermosas y abundantes playas y otros destinos turísticos, por mencionar unos cuantos; pero, tristemente, todos han fracasado históricamente en establecer un sistema de gobierno que funcione en beneficio de sus ciudadanos.

Debido a que carecen de una auténtica identidad nacional, la mayor parte de países latinoamericanos han navegado a la deriva a través de sus correspondientes historias de un modelo económico a otro, seducidos por incontables ONGs, financiadas por los países socialistas europeos que se regocijan en experimentar en tierras ajenas, y por los sinvergüenzas Soros del mundo. De esta cuenta, todos ellos en algún punto han adoptado las perniciosas ideas sesenteras que defienden a capa y espada la necesidad de contar con gobiernos grandes y paternalistas; atreviéndose algunos, incluso, a seguir el evidentemente fracasado modelo cubano, que increíblemente es aún hoy admirado por unos cuantos resentidos, frustrados y fracasados, que presuntuosamente se autoproclaman "intelectuales". No hay un solo país en la región que no haya escrito y re-escrito su constitución innumerables veces para poder así acomodarse a las tendencias de moda, usualmente tras uno de los tantos golpes de estado que han caracterizado sus respectivas historias.

Ahora, imaginemos contrastar esta triste realidad con la de aquella otra nación que se encuentra cimentada en La Roca, que ha tenido la misma constitución magistralmente escrita por sus padres fundadores hace 240 años y que ha tenido elecciones democráticas cada cuatro años a lo largo de toda su vida independiente, y resulta evidente por qué mientras la región completa ha sufrido durante siglos, ese otro país ha prosperado y florecido hasta convertirse en la mayor economía y potencia militar del mundo.

Irónicamente, lo única razón por la que Latinoamérica podría estar agradecida con la ONU es porque, por decreto, sacó a nuestros países del "subdesarrollo" para convertirlos en países "en vías de desarrollo", ¡sin más ni más! Eso, por supuesto, dejando por un lado el hecho de que todos se han mantenido en dicha "vía" por alrededor de 200 años y, lamentable y seguramente, seguirán en el mismo impase por los próximos 200.

Si agregamos a la ecuación la realidad de una corrupción descarada y enraizada tanto en el gobierno como en el sector privado de cada uno de nuestros países, y que la mayoría de nuestros gobernantes han fracasado miserablemente en el intento por frenar las muchas formas de violencia que flagelan a nuestras sociedades, y el hecho de que somos el traspatio de Estados Unidos, ¿qué podría esperarse que los latinos hagamos?

¿Recuerda el dicho que *el pasto siempre es más verde del otro lado de la cerca*? Bueno, nada más que en este caso, indiscutiblemente, lo es, mucho más verde.

En consecuencia, así como las mareas están sujetas a la posición de la luna con respecto a la tierra, la migración latina hacia Estados Unidos lo está a lo qué esté ocurriendo a lo largo y ancho de la región y al ciclo de su patrón de crisis. En otras palabras, el flujo de personas tratando de cruzar la frontera estadounidense depende de factores tales como la situación política, eventos climatológicos u otros desastres naturales, el colapso de cualquiera de las vulnerables economías de la región, o, por qué no, una combinación de algunas o todas las anteriores. Puede tratarse de unos pocos miles de mexicanos y centroamericanos cruzando la frontera sur, cuando las cosas están en relativa calma, o diez veces más cuando cualquiera de nuestros países colapsa, como ha sido el caso de Cuba, Nicaragua, El Salvador, Guatemala, Argentina, Brasil, República Dominicana, Haití y la "República Bolivariana de Venezuela"…

Así que, mientras en tiempos de relativa calma, Estados Unidos hace las veces de plan de asistencia social para las fracasadas economías latinoamericanas, ayudándolas a enfrentar sus altas tasas de desempleo, subsidiando las economías familiares de millones y apuntalando sus balanzas de pago nacionales; cuando las cosas se tornan realmente insostenibles, Estados Unidos se convierte literalmente en un campo de refugiados (alrededor de 9,400 venezolanos solicitaron asilo político en Estados Unidos en 2015, 14,700 lo hicieron en 2016 y 30,000 en 2018, en lo que evidentemente es una tendencia exponencial).

Y sí eso no fuera lo suficientemente problemático para nuestro vecino del norte, no hay que olvidar el hecho de que muchas de las economías latinoamericanas subsisten, al menos en parte, gracias al sin rival espíritu emprendedor de nuestros "exportadores" de cocaína y otras drogas, quienes eficientemente suplen miles de toneladas de narcóticos a los consumidores estadounidenses, mientras que los gobiernos por negligencia (o complicidad) son incapaces de ni siquiera contener la producción y tráfico de drogas ilegales.

Tal como ocurre con las remesas enviadas por los migrantes ilegales, los ingresos por concepto de narcotráfico abastecen a las economías latinoamericanas con un flujo constante y consistente de los muy necesarios dólares que éstas reciben con el mayor de los agrados; mientras que el cultivo de mariguana, hojas de coca y amapola, proveen los medios de subsistencia a comunidades enteras que se encuentras totalmente aisladas y que, a no ser por estos cultivos, no contarían con los medios necesarios para cubrir sus necesidades más elementales. Esto, aunado al hecho de que comúnmente las autoridades gubernamentales de todos los niveles se encuentran en la nómina de los cárteles.

Así que, al igual que con la migración ilegal, cabe la pregunta: ¿Qué incentivo real podrían tener los gobiernos latinoamericanos para frenar el narcotráfico?

Como ejemplo lamentable de lo anterior, mientras que Estados Unidos miserablemente echó a la basura US$10 millardos del dinero de sus contribuyentes a lo largo de los últimos quince años como apoyo al Plan Colombia, que fuera concebido para contener el tráfico de cocaína desde este país, el hecho es que la producción de cocaína en Colombia lejos de disminuir ha aumentado sensiblemente en los últimos años, consolidando su indisputable lugar como el mayor productor de la droga en el mundo; y por si fuera poco, todo esto ocurre mientras su descarado y falto de vergüenza, presidente, Juan Manuel Santos –en un acto que constituye una afrenta y una bofetada en plena cara a las miles de familias colombianas que aún lloran a sus familiares cobardemente asesinados y a Estados Unidos, de quien tan cínicamente se ha burlado– tuvo la osadía y la desfachatez de firmar un "acuerdo de paz", no con un movimiento revolucionario que enarbola una bandera ideológica de algún tipo, sino que con una vil pandilla de criminales sicarios al servicio de los cárteles de la droga, el autodenominado Fuerzas Armadas Revolucionarias de Colombia

(FARC-EP), y todo con la única finalidad de ser "galardonado" con un premio Nobel de la Paz.

En otro frente, así como la industria de la moda careciendo de creatividad ha recurrido a revisitar los estilos *vintage* de épocas pasadas, a los nostálgicos países latinoamericanos también les ha dado por añorar las alucinaciones igualitarias socialistas de la era hippie. Así que, Cuba, a quien todos veíamos con el solitario sobreviviente de la "revolución de la clase trabajadora", hoy disfruta de la fraternal camaradería de un creciente número de países que carentes de ideas, o mejor dicho, ideales, están dispuestos a brindarle una nueva oportunidad a las utopías sesenteras.

La llama fue sin duda encendida por el blasfemo, gracias a Dios fallecido, Hugo Chávez, quien se aferró por la fuerza al poder en Venezuela durante catorce años, de 1999 a 2013. Chávez, no perdió tiempo alguno inventando nada nuevo, sino que siguió al pie de la letra la receta de su gran amigo y mentor, Fidel Castro, para subyugar a los venezolanos, comprando lealtades con una mano, mientras que con la otra aplastaba brutalmente cualquier intento de oposición al apenas gestarse.

Los altos precios del petróleo y el nivel sin precedentes de endeudamiento al que llevó a Venezuela, permitieron que Chávez consolidara su dictadura, mientras mantenía a flote a Cuba y financiaba las membrecías para ingresar al selecto "Club de los Trasnochados de los Sesentas" de sus vecinos Ecuador y Bolivia; club que él presidió hasta su muerte y heredó a su servil y lisonjero bufón, el infame Nicolás Maduro. El siguiente ilustre miembro de tan selecto club fue, claro, la Nicaragua de Daniel Ortega.

Muy preocupante resulta la cada vez más contundente evidencia de que México, bajo el demagogo presidente electo Andrés Manuel López Obrador ("AMLO"), pronto haga lo propio para unírseles.

Así que lo impensable, el fantasma de la hora más oscura de nuestra región, lo que todos asumimos que pertenecía a nuestro vergonzoso y lamentable pasado –en el que debió permanecer– ahora nos amenaza, como la horrenda moda ochentera, con regresar para sumirnos aún más en la miseria y la desesperanza.

Por supuesto que un panorama tan poco alentador tiene el potencial de sobra para salpicar a nuestro vecino del norte, quien ante tal situación tiene dos opciones: hacer lugar y adelantar los preparativos para recibir a las hordas de refugiados que cual ratas abandonando un barco que se hunde van a huir despavoridos en búsqueda de asilo; o, de una vez por todas, asumir una postura enérgica frente a sus "amistosos" vecinos que no deje lugar alguno a las excusas y la palabrería, exigiendo de éstos un retorno tangible sobre los millardos de dólares de los contribuyentes estadounidenses que anualmente se desperdician miserablemente en incontables "programas" e "iniciativas" a lo largo y ancho de la región, y que únicamente resultan redituables para una casta de serviles sátrapas que a través de los años han perfeccionado el arte de vivir a expensas de las buenas intenciones de los americanos.

UNA RÁPIDA MIRADA AL MÉXICO MODERNO

Vicente Fox, por mucho el peor y más deplorable presidente en la historia de México, fue electo en 2000, el año en que yo me trasladé de Guatemala a México por razones de trabajo.

Yo estaba aún en Guatemala, ya con todas mis cosas empacadas, esperando recibir los documentos migratorios que me permitirían iniciar una vida nueva en México. Recuerdo con toda claridad como con los ojos llorosos veía y escuchaba en las noticias en la mañana siguiente a las elecciones a las cientos de miles de personas que se congregaban alrededor del Ángel de la Independencia gritando "¡Sí se pudo!" en referencia al hecho de que finalmente habían logrado derrotar al PRI, el partido que a través de institucionalizar la corrupción y descarados fraudes electorales, se había mantenido en el poder en México durante 71 muy largos años.

¡No podía creer que yo iba a ser parte de una transformación tan profunda y maravillosa!

Desafortunadamente, conforme pasó el tiempo (no mucho), fue evidente para mí al igual que para los mexicanos que no iba a haber la tal transformación. Los planes de Fox no incluían hacer cambios de ningún tipo, siendo que su único interés era seguir siendo un personaje popular y querido, con muy poco éxito por cierto, ya que lo único que logró es convertirse en el hazmerreír de todos dentro y fuera de México: un narcisista patológico con botas de vaquero.

Para mí siempre será un enigma cómo es que Vicente Fox, siendo tan absolutamente incompetente, logró llegar no a la presidencia de México –dado que es evidente que no se requiere de demasiado para ser electo como tal– sino más bien cómo es que logró tener una exitosa carrera dentro de una empresa multinacional tan prestigiosa como sin duda lo es Coca-Cola, en la cual, de manera enigmática fue escalando posiciones hasta convertirse en presidente y director ejecutivo de su afiliada mexicana. Es importante no perder de vista que estamos hablando del patán perdedor que tuvo la desfachatez de hacerle una señal soez con el dedo medio al presidente Trump y que ahora, con gran orgullo y total falta de candor, se dedica a hacer lobby a favor de la legalización de la mariguana. ¡Vaya usted a saber!

México le debe a Fox haber perdido una oportunidad única e irrepetible que le hubiese permitido alcanzar un nuevo nivel; en cambio, su único legado es una sociedad devastada y desilusionada al punto de creer que realmente no importa quién –partido político o persona– esté al mando del país, ya que éste está de alguna manera condenado a permanecer eternamente en la mediocridad.

Su sucesor designado, Felipe Calderón, fue electo por un apretadísimo margen y seis años después el PRI estaba de regreso en el gobierno haciendo de las suyas debido a que los descorazonados mexicanos llegaron a la inevitable conclusión de que la tan prometida transformación no era más que un espejismo.

Y ahora, doce años más tarde, hartos de tanta corrupción y fastidiados más allá del límite, los mexicanos en una ironía histórica, votaron hepáticamente en contra del sistema dándole su voto a aquel que mejor representa lo que ellos tanto repudian y, al hacerlo, cometieron suicidio político eligiendo por el más amplio margen en la historia a un demagogo, cínico e irresponsable, cuyo proyecto económico se basa en la misma receta sesentera y que está hecho con el mismo molde que Chávez y Maduro de Venezuela, Evo Morales de Bolivia y Rafael Correa de Ecuador.

GUATEMALA SURREALISTA

Tengo que confesar que estoy mucho más actualizado con respecto a lo que está sucediendo en México o en Estados Unidos que con lo que pasa en mi propia patria, Guatemala; la razón es que he pasado mucho más tiempo en México en años recientes de lo que he estado en Guatemala, aparte del hecho de que, honestamente, me parecen mucho más interesantes y apasionantes los eventos políticos estadounidenses que los de mi país.

El dicho: *Pueblo chico, infierno grande*, describe muy cabalmente la realidad guatemalteca y las peculiaridades implícitas en la vida cotidiana de un país como el mío.

A falta de novedades o temas trascendentes, nosotros los pueblerinos no tenemos más remedio que recurrir al chisme y al rumor como tópicos conversacionales. De vez en cuando ocurre un evento al que sí se justifica dedicarle buena parte de la tertulia; me refiero a eventos, por lo general de la naturaleza, que por la dimensión de los estragos que ocasionan, como ocurrió recientemente con la erupción del Volcán de Fuego, se ganan de inmediato un merecido espacio en las noticias y en los ratos entre tazas de café durante algún tiempo.

Es triste admitirlo, pero en un país minúsculo como el mío, acostumbrado a la cadencia de la insignificancia, de una manera quizá un tanto enfermiza, se llega a apreciar la ocurrencia de alguna calamidad que nos permita dedicar las conversaciones a algo menos trivial que los rumores en torno al presidente o quién será el próximo en la lista de la CICIG.

Permítame explicar qué es la CICIG como deferencia a aquellos de mis lectores (que espero sean los más) que no tengan ni la menor idea de lo que es.

CICIG son las siglas para la Comisión Internacional Contra la Impunidad en Guatemala, un adefesio concebido en parte por los tecnócratas de la ONU y en parte por guatemaltecos faltos de imaginación para solucionar un par de los muchos problemas que aquejan a nuestro país: la corrupción y el crimen organizado.

Quizá resulte necesaria una precisión antes de continuar: Cuando uno piensa en el crimen organizado en el contexto de Estados Unidos o cualquier otro país desarrollado, lo primero que se viene a la mente es la mafia o los cárteles de la droga, ¿cierto? Pues resulta ser que aquí en mi país los criminales han sido mucho más creativos para organizarse para muchos otros fines, claro dentro del ámbito de su oficio. De esta manera, en nuestro medio existen no pocos equipos multidisciplinarios de rufianes perfectamente organizados que durante décadas han estado ordeñando los escasos recursos gubernamentales y quienes, como reconocimiento a su alto nivel organizativo con fines criminales, fueron seleccionados para formar parte del ámbito de acción de la CICIG.

Claro que en pleno siglo XXI nadie se debería de espantar por el hecho de que en los países "en vías de desarrollo" resultaría inimaginable que se pudiera construir una carretera, una escuela pública o un hospital gubernamental sin que alguno –o más bien algunos servidores públicos y sus contrapartes en el sector privado– se embolsaran una buena suma de dinero (ilícitamente, por supuesto) en el proceso. Aquello, tristemente, tendríamos que considerado como algo perfectamente normal.

Lo deslumbrante en el caso de Guatemala es que nuestros delincuentes de cuello blanco han realmente llevado las cosas a un nivel sin precedentes: Por supuesto que pagar (las cifras son arbitrarias ya que no tengo la menor idea de cuál sea el costo real) US$1 millón por kilómetro cuando se construye una carretera nueva, si el valor de mercado por el mismo es de, digamos, la mitad, es una monstruosidad no cabe la menor duda. Entonces, ¿qué calificativo tendríamos que emplear para referirnos a un escenario en el cual el gobierno invierte (efectivamente desembolsa) US$1 millón por kilómetro para la construcción de una carretera, pero ésta nunca se llega a construir?

Ésta, mi estimado lector, ha sido la norma en mi querida Guatemala desde ya hace bastante tiempo.

De hecho, todos los caminos –dado que autopistas como tales son algo que nos está reservado para verlas en la televisión o cuando tenemos la fortuna de viajar al extranjero– con los que contamos al día de hoy fueron construidos en los setentas y principios de los ochentas, y, desde entonces, han sido sujetos a un meticuloso y costoso programa de mantenimiento, en papel, claro; consecuentemente, un viaje por carretera de 250 kilómetros que cualquiera asumiría que debería tomar unas tres horas de relajada conducción, a nosotros nos toma de seis a ocho –debido, principalmente, a las deplorables condiciones del pavimento– o mucho más, dependiendo de incontables imponderables (por ejemplo, automóviles bloqueando el camino porque sufrieron una pinchadura dada la inhabilidad del conductor de esquivar los incontables hoyos; o que un grupo de 20 manifestantes bloquearon la carretera, convocados por uno de tantos "líderes populares", quienes pasaran todo el día soportando las inclemencias del clima a cambio de una imitación de Coca-Cola y un pan con frijoles, a pesar de que no tienen ni la más remota idea de cuál sea la causa por la que ese día les tocó hacerles la vida miserable a los miles de automovilistas a los que tienen varados). A propósito, no estoy hablando de un camino rural que atraviesa la montaña para llegar a un pueblo en medio de la nada sino a la Carretera Panamericana, la ruta terrestre más importante y transitada de Guatemala.

La última vez que el gobierno de Guatemala construyó –me refiero a construir realmente– un hospital de referencia de tercer nivel, créase o no, fue hace 35 años, en 1983, durante el último de una serie de gobiernos militares (el período durante el cual, a propósito, se construyó toda la infraestructura que existe en Guatemala), cuando la población alcanzaba los 7.6 millones (ahora somos 16.5 millones). Bueno, para ser totalmente justo, es necesario precisar que durante los últimos siete años se ha venido construyendo uno que estaba supuesto a inaugurarse, de acuerdo a la última actualización en el programa de trabajo, en septiembre de 2018 pero es poco probable que así ocurra.

Y es así, en medio de este contexto que nace la *sui generis* CICIG, como resultado de la incansable presión ejercida por las ONGs abiertamente izquierdistas enmascaradas de defensoras de las derechos humanos para que el gobierno de turno investigara la existencia de cuerpos ilegales de seguridad. Hipótesis planteada a partir de ciertos eventos ocurridos, dentro de los cuales destaca la muerte de algunos miembros de las principales maras que se encontraban privados de libertad (encarcelados), en algunos casos sirviendo condenas de varios cientos de años, y que fallecieron durante un enfrentamiento con fuerzas policiacas que allanaron un centro penitenciario de alta seguridad en cumplimiento de una orden judicial de cateo en busca de armas de fuego y drogas, y que según el procurador de los derechos humanos y las mencionadas ONGs no fueron accidentales sino que más bien se trató de ejecuciones extrajudiciales ordenadas por el entonces Ministro de Gobernación en complicidad con el jefe de la Policía Nacional Civil (PNC).

Como mera anécdota, el Ministro de Gobernación fue acusado, juzgado y exonerado de los cargos que se le imputaban por una corte en España (él cuenta con doble ciudadanía, guatemalteca y española), mientras que el jefe de la PNC fue primeramente juzgado y condenado a cadena perpetua por una jueza en Suiza (dado que el cuenta con doble nacionalidad, guatemalteca y suiza) en 2015; luego, después de que dicho juicio fuera declarado inválido por la Corte Federal (el equivalente en aquel país a la Corte Suprema de Justicia), fue, de manera insólita, juzgado nuevamente por la misma jueza en circunstancias muy poco ortodoxas, como el hecho de que como testigos propuestos por la fiscalía (asesorada por la CICIG) hayan comparecido peligrosos criminales que estaban purgando condenas y a quienes a cambio de su testimonio se les ofreció su libertad, mientras que no se permitió que quien fuera presidente de Guatemala cuando los hechos ocurrieron, propuesto por la defensa, diera su testimonio, y en el pasado mes de abril fue condenado a quince años de prisión. ¿Alguna vez ha escuchado el término "cosa juzgada"? Aparentemente los suizos no.

Bueno, pues como sea la CICIG fue creada con ese propósito en mente pero terminó teniendo formalmente y *de facto* un mandato mucho más amplio que el originalmente considerado, lo que ha resultado en la presentación de cargos por corrupción en contra de dos ex presidentes, una vicepresidenta, una magistrada de la Corte Suprema de Justicia, no llevo la cuenta de cuántas personas de negocios, el hermano y el hijo del actual presidente, Jimmy Morales, entre muchos otros, quienes han sido sujetos de interminables procesos judiciales que, muchos de ellos, han tenido que sobrellevar mientras permanecen recluidos en improvisados y totalmente sobresaturados centros de detención, mientras que otros permanecen bajo arresto domiciliario y unos cuantos más que se encuentras prófugos ya sea en Europa o en el continente subasiático. Como ejemplo de lo anterior, el ex presidente Otto Pérez y la ex vicepresidenta Roxana Baldetti permanecen encarcelados desde mediados de 2015 sin que a la fecha sus respectivos juicios hayan ni siquiera dado inicio; no que importe, de cualquier manera, ya que sus casos (al igual que los de muchos otros) ya fueron diligentemente ventilados por la CICIG y sus serviles pupilos del Ministerio Público, en los medios de comunicación y a través de las redes sociales, logrando un veredicto condenatorio por parte de la opinión pública, que es al final de cuentas su único interés y por lo que el proceso judicial "formal" es un mero trámite administrativo.

De hecho, hasta el momento en que escribo estas líneas, ni uno solo de los cientos de acusados por la CICIG ha sido sentenciado y condenado.

Eso sí, hasta el Presidente Morales ha sido blanco de la persecución de la CICIG, siendo que el año pasado ésta promovió en dos ocasiones distintas el trámite correspondiente para retirarle la inmunidad que le otorga la constitución (derecho de antejuicio), que fueron rechazados por el Congreso de la República, que de acuerdo a nuestra legislación es quien cuenta con dicha prerrogativa.

Por mucho que me esfuerce por presentar los hechos de una manera objetiva, admito que para mí –y tome en consideración que para efectos prácticos soy un forastero sin filiación política alguna ni simpatía por organización política o político alguno en Guatemala– la realidad es que los hechos mismos no dan buen testimonio ni del trabajo ni de las intenciones de la CICIG. Muy bien podría tratarse de que estén haciendo un tremendo esfuerzo investigativo pero un patético trabajo promoviendo las acciones judiciales.

En mi opinión, la CICIG ha llegado al punto en el que resulta inevitable poner en entredicho todos sus esfuerzos y caracterizar su actuar como una virtual cacería de brujas, dado que única y exclusivamente se ha dedicado a perseguir aquellos casos que por su alto perfil hacen babear a la prensa; mientras tanto, los guatemaltecos seguimos siendo victimizados por las maras que operan con total impunidad ante la indiferencia o complicidad de las autoridades, extorsionando, secuestrando, asaltando y asesinando a plena luz del día. Combatir a las maras, siendo que evidentemente constituyen organizaciones criminales, tendría que ser una altísima prioridad para la CICIG, pero la realidad es que no lo ha sido ni remotamente, dado que desde su creación los crímenes relacionados con estos tristemente célebres grupos delictivos no han más que aumentado.

Por otro lado, la CICIG, particularmente bajo el mando del actual comisionado, Iván Velásquez, ha sido duramente criticada por: a) sobreutilizar los medios de comunicación para "juzgar" los casos que está promoviendo, presentando a aquellos acusados de cometer actos de corrupción de manera tal que –al menos desde la perspectiva de la opinión pública– sean considerados culpables, violentando de esta manera su derecho constitucional a la presunción de inocencia (según ya lo expliqué), y b) por interferir en temas políticos que están a todas luces fuera del alcance de su mandato, como presionar a jueces y hasta a magistrados para fallar de acuerdo a sus intereses, o al mismo Congreso de la República para aprobar iniciativas de ley de las que ellos mismos han sido coautores (lo cual está absolutamente fuera del alcance de sus funciones) y que claramente promueven la agenda ideológica socialista de la ONU.

Tristemente, Guatemala, no obstante los esfuerzos de la comunidad internacional –los menos bien intencionados y los más con una agenda ideológica perversa– continúa a la deriva y sin rumbo como lo ha hecho a lo largo de toda su historia, siendo justos, al igual que el resto de Latinoamérica.

Yo, al ver la real y profunda transformación que está ocurriendo en Estados Unidos bajo el innegable liderazgo del Presidente Trump, no puedo evitar sino sentir melancolía por mi país y mi gente, y sólo desearía que por una vez pudiéramos contar con una oportunidad como la que los americanos están viviendo en este momento: tener un presidente al que verdaderamente le importe su país, tenga los pantalones, el coraje, una mente clara, el empuje y que sea lo suficientemente audaz para decir ¡ya no más! a tanta estupidez, insensatez y a falsos paradigmas tan meticulosamente concebidos por los neo-marxistas con el maligno propósito de destruir la civilización occidental.

Los estadounidenses deben de estar profundamente agradecidos con Dios por el presidente que les concedió. ¡Ya lo quisiéramos nosotros!

LA CRISIS MIGRATORIA

Mi madre, que era (y es) de mano dura e intolerante (en el buen sentido, casi siempre) y sumamente respetuosa y considerada hacia los demás, nos enseñó a mis hermanos y a mí, de manera muy enfática, que nunca debíamos: a) tocar, b) jugar con, o c) tomar cualquier cosa que no nos perteneciera, a menos que tuviésemos la autorización expresa y voluntariamente otorgada por el dueño de la tal cosa para hacerlo.

Acorralados y sin alternativa, los tres entendimos cómo era el asunto y crecimos respetuosos de lo ajeno. Y, así, por ejemplo, a mí cuando de niño iba a casa de mis abuelos nunca se me hubiera ocurrido meterme sin más a la cocina, abrir el refrigerador y tomar de ahí algo que llamara mi atención, sin importar que tan hambriento o sediento pudiera estar. Lo que es más, ni siquiera hubiera tenido el atrevimiento de pedir algo, sino que habría esperado a que me lo ofrecieran (o no).

Quizá es desde esta heredada o más bien diligentemente indoctrinada obsesión por el respeto a lo ajeno que me resulta imposible entender cómo es que tantísimas personas eligen pensar que tienen el derecho de ingresar ilegalmente a Estados Unidos para establecerse allí; pero más enigmático aún me resulta el hecho de que los gobiernos (tanto los directamente implicados como los entrometidos espectadores), las agencias de noticias falsas, las ONGs y, por supuesto, los demócratas, se sientan con el derecho de criticar al gobierno liderado por el Presidente Trump por tratar a los inmigrantes ilegales de lo que consideran una manera "injusta".

Es una actitud tan hipócrita que resulta repugnante.

Por favor, permítame utilizar una analogía hipotética para, espero, desde mi perspectiva aclarar este asunto tan lamentable:

Imaginemos por un minuto que una congresista de Estados Unidos (demócrata, por supuesto) se encuentra sola en una mañana de domingo descansando relajadamente en su mansión luego de una "ardua" semana laboral, cuando de repente escucha sonidos y voces que provienen de la cocina ubicada en la planta baja. Su primera reacción es cuestionarse si se trata de Panchita, la empleada doméstica, que a propósito es inmigrante ilegal y que trabaja para ella desde hace ya varios años. "No", se responde a sí misma, "es domingo y ella salió."

Descartada la única opción tranquilizadora en la que se le ocurre pensar y escuchando más atentamente, se da cuenta de que personas (en plural dado que es capaz de reconocer al menos tres voces) están desayunando en su cocina (el aroma de café recién colado proporciona una buena pista). Sin más, llama de inmediato a los policías (sí, a ésos a los que apenas ayer criticaba duramente y acusaba de supremacistas), quienes, tratándose de quien se trataba, llegaron en cuestión de pocos segundos.

Tras unos cuantos minutos más de caótica confusión, los oficiales pudieron comprender qué era lo que estaba sucediendo y quiénes eran aquellas personas que, efectivamente, estaban disfrutando de un sustancioso desayuno en la cocina de la congresista: Se trataba de una familia: papá, mamá y dos hijos menores de edad (una familia sin hogar, de hecho).

Ellos, según le explicaron a los oficiales (bueno, lo hizo el papá, mientras los demás simplemente asentían con la cabeza), pasaban por ahí y notaron que la puerta trasera estaba "medio abierta" (bueno, más bien resultaba fácil de abrir); dado que era de mañana y domingo, asumieron que toda la familia habría ido a la iglesia y, en virtud de que sentían apetito, o más bien, ¡morían de hambre!, decidieron que no afectarían a nadie si pasaban adelante, se preparaban de desayunar y se iban inmediatamente después, claro habiendo dejado los platos utilizados debidamente lavados y todo de vuelta en su lugar, excepto, claro, por lo consumido.

Los oficiales le explicaron la situación lo mejor que pudieron a la honorable, tal como les había sido narrada a ellos por los intrusos (bueno, por el papá, mientras los demás simplemente asentían con la cabeza) y le preguntaron si su intención era presentar cargos dado que la invasión a la propiedad privada constituía una seria ofensa y el hecho de tomar ocho huevos, un litro de leche, una jarra de café y una barra de pan, sea lo que sea, tipificaba robo, a lo cual ella respondió que "por supuesto" que lo haría.

Siguiendo el protocolo establecido, los oficiales procedieron al arresto de los adultos (papá y mamá), a quienes luego de completárseles la documentación correspondiente y habiéndoseles brindado la oportunidad de pagar una fianza y salir bajo libertad condicional, lo cual rechazaron aduciendo de que no contaban con los US$200 que a cada uno se les había fijado, se procedió a conducirlos a un centro de detención preventiva en el cual permanecerían hasta el día fijado para su audiencia ante el juez correspondiente. En lo que respecta a los dos hijos, siendo menores, fueron puestos bajo la custodia de una trabajadora social quien se haría cargo de ubicarlos en un centro para menores en riesgo.

"¿Qué? ¡Tiene que estar bromeando! ¿Cómo así que los menores fueron separados de sus padres? ¡Eso es lo más inhumano que he escuchado!" Alguien, ingenuamente quizá diría.

Bueno, pues de acuerdo con lo que establecen las leyes aplicables de Estados Unidos y de cualquier otro país en el que se me ocurra pensar, ésa sería la manera en que una situación así sería manejada. Si un padre (o madre) es arrestado mientras se encuentra acompañado por un hijo menor de edad y en ese momento no hay otra persona adulta legalmente facultada para hacerse cargo del menor, éste sería inevitablemente separado del padre (o madre) y enviado a un orfanatorio o a un hogar sustituto por el tiempo que resulte necesario.

La evidente diferencia entre la situación ficticia antes descrita y lo que ocurre a diario a todo lo largo de la frontera sur de Estados Unidos es que las autoridades no tienen que resolver la situación de un par de menores a los que hay que acomodar en algún lugar en que puedan permanecer de manera segura, sino que con miles de ellos. Así que, mientras las autoridades tienen que lidiar con las acciones ilegales de los padres –que fueron quienes ultimadamente pusieron a sus hijos en situación de riesgo– no tienen más remedio que colocar a los menores en lugares hasta cierto punto improvisados.

Las élites que tanto odian al Presidente Trump utilizan todo el tiempo disponible en los medios (que cuando se trata de lanzar basura en su contra es abundante) para desacreditar al gobierno federal por cometer lo que califican de atrocidades, llegando al extremo de afirmar que los menores inmigrantes son tratados como animales. Acusan al presidente de insensible, incapaz de relacionarse con el sufrimiento humano y, créase o no, han llegado al extremo de comparar al presidente de Estados Unidos con Adolfo Hitler por enviar a niños inocentes a campos de concentración, separados de sus "amorosos y diligentes" padres.

Aún me resulta difícil creer que toda esta basura que tiene un claro trasfondo político encuentre espacio en los medios de comunicación.

¡Por favor! Por qué no hay alguien, aunque sea una persona, que sea capaz de alzar la mano y decir a viva voz: "Disculpen, pero creo que hay una parte vital de la información que nadie está mencionando: ¿Acaso no estamos hablando de niños a los que nadie les preguntó y que simplemente fueron arrastrados a través del desierto y expuestos a las más adversas y riesgosas circunstancias durante días o hasta semanas, sin agua o comida, y que en algunos casos fueron aventados en la caja de un tráiler repleto, expuestos a temperaturas de 40º C, careciendo casi por completo de aire para respirar; o, en otros casos, fueron puestos en manos de traficantes de personas totalmente carentes de escrúpulos para viajar por su cuenta, con suerte para ser entregados en algún destino a un familiar, sino es que a una pandilla de pedófilos o de traficantes de órganos?"

Recuerdo haber leído las infundadas declaraciones del demócrata gobernador de Virginia, Ralph Northam, denunciando abusos cometidos en contra de menores de edad ilegales en ciertos centros de detención. Aún y cuando yo no estoy en posición de asegurar que todos y cada uno de los menores que han sido asignados a centros de detención han sido tratados correctamente, dado que es factible que en algún caso aislado fuera del control del gobierno federal pudiera haberse dado alguna situación anómala, de ahí a afirmar que el gobierno federal de forma generalizada y deliberada ha maltratado a menores de edad tiene que ser la artimaña más vil y descarada que jamás se ha utilizado con la finalidad de anotar algunos pocos puntos políticos.

Es evidente que no existe límite para la hipocresía hoy en día. Mientras, al igual que el resto del mundo, las autoridades mexicanas consternadas e indignadas se rasgaban las vestiduras señalando a las autoridades norteamericanas por atreverse a separar a las familias de ilegales, un diario mexicano publicó una nota en la cual con todo detalle explicaba que ellos (las autoridades mexicanas) hacen exactamente lo mismo con las personas que ilegalmente cruzan la frontera que separa México de Guatemala. Sí, aunque usted no lo crea, en aquellos casos en que familias ingresan ilegalmente al país, los adultos y los menores son enviados a estaciones migratorias separadas esperando ser deportados.

Así que, ¿de quién es realmente la culpa de la tan mediatizada "crisis migratoria"? ¿Es acaso responsable el gobierno de Estados Unidos por enforzar una tan necesaria y justificada política migratoria que, dicho sea de paso, se basa en las leyes migratorias aprobadas por el Congreso, o son más bien los irresponsables padres que llevan consigo a sus hijos a través de la frontera de aquel país de manera abiertamente ilegal, sabiendo de antemano a los muchos riesgos a los que los exponen al hacerlo?

Créame cuando digo que de todos los riesgos inimaginables a los que estos niños son tan insensatamente expuestos, que sean detenidos por las autoridades migratorias estadounidenses y enviados a centros de detención separados de sus irresponsables padres es, sin duda, el menos preocupante.

También recuerdo haber escuchado a una mujer a quien entrevistaron durante una protesta en contra de las acciones del gobierno federal, quien se quejaba de la calidad de la alimentación que era proporcionada a los menores en los centros de detención.

Evidentemente, se trata de alguien que no tiene ni la más remota idea de lo que está hablando ni tiene el alcance para entender de dónde es que vienen estos niños, puesto que de ser así no tendría el atrevimiento de decir algo tan frívolo y, debo decirlo, tan estúpido.

No que en manera alguna justifique el maltrato hacia cualquier ser humano, particularmente tratándose de un niño, pero por lamentable que resulte, la realidad es que sea lo que sea que les estén dando de comer en los centros de detención a estos niños es de mucho mayor calidad nutricional y en mucho mayor cantidad que lo que estaban acostumbrados a recibir en sus hogares y esto es, sin duda, un hecho.

La gran mayoría de estos pobres niños –si no es que todos– no estaban acostumbrados a comer tres veces al día; es más, tendrían suerte si su alimento consistía de unas pocas tortillas con una pizca de sal un par de veces al día, y en ocasiones especiales quizá un puñado de frijoles hervidos. ¡Por Dios, es precisamente ésta la realidad que orilló a los padres a migrar ilegalmente llevando consigo a sus hijos!

A diferencia de la mayoría de los que opinan respecto de este tema, yo no tengo ninguna agenda, así que no me siento obligado a ser "políticamente correcto" ni tengo interés alguno en seguir a la multitud. Siendo así, puedo decir con toda tranquilidad que si se trata de señalar culpables de la lamentable situación que enfrentan tantos inocentes niños, inequívocamente, hay que incluir a: a) los padres que tan irresponsablemente exponen a sus hijos, b) los gobiernos proxenetas (más adelante explico el por qué del término) y, c) los políticos de izquierda que utilizan a los migrantes como tontos útiles en beneficio de su agenda ideológica.

¿Será que estoy siendo demasiado duro en mi juicio en contra de aquellos que en algunos casos lo arriesgan todo persiguiendo la versión diluida del sueño americano que está reservada para aquellos que cruzan la frontera a pie?

La verdad, no lo creo; sólo estoy expresando lo que la mayoría de las personas saben y sienten en sus corazones aunque no se atrevan a expresarlo. No hay manera alguna de justificar la osadía de estos padres, aunque, por otro lado resulte indignante que tantas personas, por la negligencia de nuestros gobiernos corruptos, lleguen al punto de convencerse de que emprender el viaje al norte es la única alternativa con que cuentan.

A mí, personalmente, me resulta frustrante tener que enfrentarme diariamente con la realidad de que no hay luz al final del túnel, al menos visible desde nuestro lado del mundo. Hace unos pocos días, mientras ojeaba las noticias, justo ahí apareció el titular: "Brindar protección a los mexicanos en Estados Unidos será una prioridad: Ebrard". Se trataba de una entrevista concedida por el que ha sido designado por el presidente electo de México, AMLO, para ocupar el cargo de Secretario de Relaciones Exteriores. Es evidente que algunas cosas no cambian, no importa quién esté a cargo; particularmente, cuando el tal a cargo de manera tan irresponsable y demagógica ha prometido tanto y a tantos.

"¿Proteger a los mexicanos en Estado Unidos?" ¿De quién? ¿Del lobo malvado, quizá? ¡No, por supuesto que no! Él estaba hablando del gobierno federal quien, en cumplimiento de su función y como parte de un esfuerzo legítimo, ético y con base en la legislación vigente, busca resolver el que, sin duda alguna, es uno de los problemas más críticos que aquejan a la sociedad americana: la inmigración ilegal.

En México para cualquiera sería cuestión de hacer un par de llamadas para obtener el nombre e información de contacto de un traficante de personas ("coyote", como coloquialmente se les conoce). Todo el mundo conoce a alguien que conoce a alguien que con seguridad le sabría recomendar a quién contactar en caso que así de repente le entre la urgencia por irse al otro lado. Tenga en cuenta que en México la inmensa mayoría de las personas tiene al menos un familiar cercano que se cruzó para el otro lado, ilegalmente, por supuesto.

Los traficantes de personas operan a plena luz del día, tienen domicilios conocidos, oficinas y hasta tarjetas de presentación; siendo así, ¿cómo es que en los casi dieciséis años que viví en México nunca me enteré de que las autoridades capturaran a un coyote?

Triste, ¿no es así? Sin duda lo es. La realidad de las cosas es que, como lo expliqué con anterioridad, México, al igual que muchos de los países de Latinoamérica, es totalmente dependiente de las divisas que ingresan a su economía por medio de las remesas que envían los migrantes ilegales. Razón de sobra para no entrometerse ni molestar a los tan útiles y necesarios coyotes, o para tratar de disuadir a las personas de migrar hacia Estados Unidos, muy a pesar de los riesgos que esto implique tanto para los adultos que lo hacen conscientemente como para los niños que llevan a rastras consigo, o envían como "menores no acompañados" a cargo del cuidado y custodia de cualquier coyote.

Si se fija, lo que hacen los gobiernos proxenetas es tomar un riesgo calculado, tal como lo hacen los narcotraficantes: Estos últimos saben de antemano que de "X" toneladas de cocaína (por ejemplo) que intentan introducir ilegalmente a Estados Unidos sólo un porcentaje llegará a su destino; de tal cuenta, lo que arriba vendido a precio de mercado menos su costo de adquisición (o del conjunto de materias primas y el costo de su manufactura) menos el costo de "lavar" el dinero producto de la venta tiene que ser suficiente para cubrir todos sus costos operativos y permitir un margen adecuado. Los gobiernos proxenetas operan bajo el mismo principio: Número de inmigrantes ilegales activos en el envío de remesas multiplicado por el importe de la remesa promedio enviada menos aquellos que voluntariamente regresan a sus lugares de origen menos aquellos que actuarialmente se estima que fallecerán durante el período de análisis menos los que resulten deportados más todos aquellos que de manera exitosa logren cruzar la frontera y se establezcan en el vecino del norte es igual al monto total esperado de remesas que ingresarán al país.

Por difícil de creer que resulte, si por alguna improbable razón de repente todos los migrantes cesaran de enviar remesas a sus familiares que dejaron atrás, las economías de México, Guatemala, El Salvador y Honduras, entre otros muchos países, colapsarían instantáneamente.

Para Guatemala, por ejemplo, las remesas constituyen la principal fuente de divisas. En 2016, éstas totalizaron US$7.3 millardos, o el equivalente de 12% de su PIB, o 65% de todos los bienes y servicios que el país exportó combinados. Con base en cifras del Banco de Guatemala, de los 16.58 millones de guatemaltecos, 6.2 millones, o 37.4%, son beneficiarios de remesas, recibiendo un promedio de US$379/mes. Para poner este dato en perspectiva es importante apuntar que el salario mínimo mensual, al tipo de cambio actual, equivale a US$388; siendo así, mientras que la mayoría de guatemaltecos para ganarse el sustento requieren trabajar a lo largo de todo el mes, para los afortunados beneficiarios de remesas únicamente implica pararse frente a la ventanilla del banco para cobrar, prácticamente, la misma cantidad.

¿Alguien se atrevería a estimar cuánto le cuesta al gobierno de Estados Unidos –y por ende a sus contribuyentes– lidiar con las hordas de inmigrantes ilegales que a diario cruzan sus fronteras?

AMLO, el presidente electo de México (quien será juramentando el próximo 1º de diciembre) ha declarado en reiteradas oportunidades que su gobierno va a recurrir a organismos multilaterales e incluso a las cortes internacionales para impedir que Estados Unidos haga lo que tiene todo el derecho del mundo de hacer: Deportar a todos aquellos que han ingresado de manera ilegal a su soberano territorio.

Siendo así, éste es mi humilde consejo para el Presidente Trump: ¿Por qué no Estados Unidos le devuelve la cortesía y demanda al gobierno de México por los millardos de dólares que le cuestan al gobierno y al pueblo norteamericano los millones de inmigrantes mexicanos que de manera flagrante violan sus leyes al cruzar su frontera ilegalmente, y lo hacen respaldados, apoyados, motivados y con la abierta complicidad del gobierno de México?

Dentro de los muchos argumentos concebidos para atacar la postura del gobierno del Presidente Trump con relación a la inmigración ilegal hay una en particular que tiene una fuerte carga emocional y es utilizada por los grupos de izquierda que marchan para "denunciar" a las autoridades migratorias por cometer la imperdonable atrocidad de separar a las familias. De nuevo, ¡ignorancia e hipocresía llevadas a nuevos niveles!

¿A quién quieren engañar? O sea que separar a las familias no es bueno, ¿cierto?

Bueno, siendo éste el caso, por qué en vez de enfocarnos en unos pocos casos (sí, un par de miles son "pocos" dentro del contexto de los millones de inmigrantes ilegales que ya viven y los otros tantos intentando ingresar a territorio norteamericano), dirigimos nuestra atención a la realidad que se vive a través de Latinoamérica: Millones de padres que dejan atrás (abandonan) a sus esposas e hijos para irse al norte. Cualquier persona en México o en cualquiera de los países de Centro América puede narrar de primera mano incontables historias de niños (o ya no tan niños) cuyo concepto de padre es un total extraño que de manera regular o esporádica envía dinero para su manutención desde Estados Unidos. ¿Y qué hay de las incontables "viudas con marido vivo" que se tienen que conformar con una corta llamada de vez en cuando y unos cuantos dólares?

Existen poblados enteros en México en los cuales hay cuatro hombres adultos por cada diez mujeres adultas, situación que los investigadores califican como un desastre demográfico dadas las terribles consecuencias que dicha situación impone sobre estas sociedades.

Así que, si al final del día enfrentamos una crisis migratoria tal como reiteradamente lo denuncian los medios de comunicación *et al*, ésta no es imputable al Presidente Trump, quien si algo está haciendo es su trabajo. Es importante tener en cuenta que él, como presidente, es la cabeza del poder ejecutivo de Estados Unidos y, como tal, su rol y responsabilidad es "ejecutar" las leyes aprobadas por el poder legislativo, el Congreso.

El hecho de que presidentes anteriores hayan sido negligentes en el cumplimiento de su deber no significa que el actual deba hacer lo mismo. De hecho, es precisamente esto lo que lo separa y distingue del montón, particularmente de su predecesor.

EL CÍRCULO VICIOSO DE LA MANO DE OBRA BARATA PRODUCTO DE LA INMIGRACIÓN ILEGAL

Me resulta sorprendente que uno de los argumentos más socorridos por los liberales para propugnar por una política de fronteras abiertas es que los inmigrantes ilegales realizan trabajos que los ciudadanos americanos no quieren o están dispuestos a hacer (por ejemplo, cosechar tomates en California, limpiar casas, o freír hamburguesas o lavar platos en restaurantes en cualquier rincón del país) y, siendo así, la economía norteamericana prácticamente colapsaría si no fuera por ellos.

Éste, aparte de ser un muy pobre y triste argumento, resulta ser falaz. Claro, seguramente los ciudadanos americanos no están dispuestos a cosechar tomates o freír hamburguesas por US$2/hora. Lo harían, sin embargo y sin duda alguna, por el salario mínimo tal como hacen cientos de miles de otros trabajos.

No hay duda de que habría ciudadanos americanos interesados en recolectar tomates por US$11/hora, o a lavar platos en un restaurante en Manhattan por US$10.40/hora. La razón por la cual no lo hacen es simplemente porque estos trabajos no están disponibles para ellos. La realidad es que los empresarios avariciosos y carentes de ética aplauden el hecho de que haya millones de inmigrantes ilegales que están más que dispuestos a trabajar por un salario de miseria y a soportar las peores y más indignas condiciones de trabajo.

Éste es, claramente, el otro lado de la moneda.

Tristemente, para un inmigrante ilegal la mitad o hasta la cuarta parte del salario mínimo en la mayoría de estados de la unión americana representa tanto como cinco veces más de lo que ganaría en su país de origen, y esto asumiendo que en este último tuviera la posibilidad de hacerlo para una empresa legalmente establecida que pague el salario mínimo legalmente establecido (que no es algo común). Para ilustrar el punto, actualmente el salario mínimo diario en México es de US$4.65 (al tipo de cambio vigente); esto es menos de US$0.60/hora. Siendo así, para alguien acostumbrado a ganar US$0.60/hora –o mucho menos si se trata de alguien perteneciente a la economía informal como es el caso para las dos terceras partes de la población económicamente activa– tener la oportunidad de ganar un par de dólares la hora es el negocio del siglo.

¿Y qué hay de los dueños de los negocios que emplean inmigrantes ilegales? Ellos también hacen un negocio redondo: ¿por qué habrían de pagarle a uno de sus conciudadanos, digamos, US$8 o US$10/hora cuando pueden contratar a un ilegal por una cuarta parte de eso? Con la ventaja adicional de que el ilegal nunca va a estar en posición de demandarlo por no pagarle horas extras o por no proveerle las más elementales condiciones de trabajo.

Por supuesto, me refiero a dueños de negocios carentes de ética, aquellos que siempre están buscando la manera de mejorar su margen de utilidad sin importarles hacerlo a través de prácticas de negocios inescrupulosas e irrespetando la ley. Tristemente, este tipo de empresarios actuando de esta manera logran una ventaja competitiva frente a aquellos que hacen las cosas de la manera correcta, siendo que sus costos operativos son significativamente más bajos. ¡Qué poca vergüenza tienen!

¡Y que poca vergüenza tienen también aquellos que eligen ser sus clientes! No alcanzo a comprender cómo es que alguien puede elegir un restaurante que contrata inmigrantes ilegales en vez de uno que hace lo correcto a pesar de que esto le implique mayores costos.

¿Puede uno estar seguro que contratar ilegales es la única práctica ilegal y falta de ética en un negocio así? En mi experiencia, el que es tramposo lo es en muchos –sino es que en todos– los aspectos de su vida, incluyendo la manera en que conduce sus negocios; siendo así, mi consejo para aquellas personas que favorecen con su preferencia a alguno de estos cuchitriles es que pongan mucha atención a lo que les están sirviendo para la cena.

En conclusión, permitir –activa o pasivamente– ilegales en los lugares de trabajo constituye un círculo vicioso: mientras haya empresarios codiciosos dispuestos a contratar ilegales y autoridades permisivas carentes voluntad o integridad para hacer algo al respecto, habrá millones prestos a arriesgar su vida por una oportunidad de alcanzar su versión diluida del sueño americano; mientras que, por otro lado, un flujo incesante de inmigrantes dispuestos a trabajar por unos pocos centavos garantiza que los salarios se mantengan bajos, lo que únicamente favorece a los empresarios tramposos, afectando a todos los demás.

Seamos honestos, el hecho de que los restaurantes contraten ilegales no significa que éstos trasladan las economías alcanzadas por medio de esta práctica a sus clientes haciendo sus menús más asequibles; de hecho, cobrarán tanto como puedan por sus platillos para obtener la mayor utilidad posible.

Es francamente inconcebible que sea este *status quo* lo que tan ardientemente defienden los demócratas. ¡Qué poca vergüenza tienen!

Dado este escenario, un componente esencial de la solución integral que se requiere para resolver de una buena vez el interminable éxodo de migrantes de Latinoamérica hacia Estados Unidos es que este país implemente una legislación estricta que castigue de manera enérgica a todos aquellos negocios que contraten inmigrantes ilegales: mientras haya demanda habrá oferta.

PRESIDENTE TRUMP: POR FAVOR, CONSTRUYA EL MURO

Hecho irrefutable: Los americanos tienen todo el derecho del mundo de proteger su territorio y decidir a quién le permiten el ingreso a su soberano país y negárselo a quien así lo consideren.

Hecho irrefutable: No es culpa de los estadounidenses que la mayoría de los gobiernos de los países al sur de su frontera defrauden sistemática y miserablemente a sus ciudadanos, y que lo que mejor se nos dé sea despilfarrar descaradamente nuestros vastísimos recursos naturales, bendecidos climas y el abundante recurso humano del que otros adolecen, autocondenándonos consecuentemente a vivir en la pobreza e inmersos en un caos permanente y total.

Todas las persona en Latinoamérica con los medios para hacerlo (incluidos los autollamados "académicos" o "intelectuales" y los reporteros que tan cínicamente critican la postura del Presidente Trump con respecto a la migración ilegal) viven en comunidades resguardadas y protegidas con muros de cuatro metros de alto, rematados por cercas electrificadas y alambre de púas, y aquellos que lo pueden costear incluso se movilizan en automóviles blindados –para protegerse de los malhechores– y es desde esta seguridad que le exigen a Estados Unidos que le permita el ingreso a su territorio a todo aquel que en flagrante desafío por su soberanía y leyes decida cruzar su frontera para arrebatar un pedazo del sueño americano que no le corresponde.

¿Se les puede achacar a los norteamericanos que nuestros países tan vergonzosamente dependan de las remesas que nuestros compatriotas que viven y trabajan ilegalmente en su país les envían a sus familiares a los que abandonaron?

¡Por supuesto que no! Ni tampoco los estadounidenses deberían sentir culpabilidad o vergüenza por el hecho de que en prácticamente todo les vaya mejor que a los ciudadanos del resto del mundo. Ellos han construido lo que hoy tienen a base de sangre, sudor y lágrimas, y han pagado un precio muy alto por la posición de la que hoy como sociedad disfrutan y por ser una superpotencia económica.

Por más de un siglo, los resentidos izquierdistas a lo largo y ancho de Latinoamérica han pretendido etiquetar a los "gringos" o "gabachos", como peyorativamente les gusta llamarlos, de ambiciosos y desalmados explotadores, que ven a nuestros países como repúblicas bananeras. No puedo más que ofrecerles a los estadounidenses una sincera disculpa por un concepto tan inmerecido y por nuestra ingratitud.

Estoy convencido de que la realidad es exactamente lo opuesto: Cuando pienso en americanos, los primeros que vienen a mi mente son los miles de misioneros que dejaron atrás una vida por demás cómoda para aventurarse en junglas y montañas inhóspitas a cientos de kilómetros de distancia de lo más parecido a la "civilización" con lo que contamos en nuestras latitudes, exponiéndose a contraer toda suerte de enfermedades tropicales, a ser repudiados por los locales, o hasta incluso a ser secuestrados o asesinados por las milicias gubernamentales o por una de tantas guerrillas subversivas. Todo esto, con el único propósito de traernos el evangelio de Jesucristo a millones en toda Latinoamérica y, dicho sea de paso, en el resto del mundo.

Por cierto, el término "república bananera", que aquellos que se jactan de intelectuales usan de manera autopeyorativa producto de sus frustraciones y mediocridad, yo lo tomo como cumplido, siendo que mi Guatemala y nuestros vecinos Honduras y Costa Rica, en donde tuve la bendición de vivir y trabajar por un corto tiempo, orgullosamente producen y exportan hacia Estados Unidos los mejores bananos del mundo y otras muchas frutas frescas de inigualable calidad, como las piñas costarricenses que son algo fuera de este mundo.

Cuando Guatemala fue devastada por un terremoto en 1976, que cobró la vida de decenas de miles de mis compatriotas y provocó que cientos de miles de la noche a la mañana perdieran sus hogares y todas sus pertenencias, no obstante que yo era apenas un niño, recuerdo claramente haber visto en las noticias los reportajes de los incontables aviones C-130 de la fuerza aérea norteamericana que aterrizaban varias veces al día en nuestro aeropuerto, trayendo consigo toneladas de alimentos, medicinas y materiales de construcción, entre muchas otras cosas tan necesarias, que fueron donadas por americanos trabajadores de clase media, muchos de los cuales quizá nunca antes habían escuchado de Guatemala ni hubieran sido capaces de ubicarla en el mapa, pero esto no impidió que abrieran su corazón y le tendieran una mano generosa a tantos seres humanos en gran necesidad, a quienes otros habrían considerado convenientemente distantes.

Y lo mismo ocurre con cada catástrofe que nos asola. Nuestra gente siempre ha contado con el desinteresado y generoso corazón de nuestros hermanos del norte.

Tampoco sería justo olvidar a los innumerables emprendedores norteamericanos que han tenido la valentía de invertir en nuestros países, sabiendo de antemano que al hacerlo enfrentarán riesgos por demás reales y evidentes, como les ha tocado no a pocos, que con total impotencia han visto cómo sus inversiones y propiedades son arbitrariamente confiscadas en el nombre del "nacionalismo" por gobiernos corruptos: Les ocurrió en Cuba a los dueños de negocios, tierras y hasta casas; a aquellos que se atrevieron a invertir en la exploración y producción de petróleo, en la construcción de infraestructura eléctrica o, incluso, en la banca en México; ¡y les está sucediendo a todos de manera indiscriminada en Venezuela! ¿O que hay de aquellos que han sido víctimas de extorciones, sobornos, competencia desleal y una total falta de certidumbre jurídica, sólo por mencionar algunas de tantas situaciones adversas que forman parte del diario vivir en nuestras latitudes?

Siento dolor en mi corazón cada vez que pienso en los millones de mis compatriotas que a través de los años han migrado a Estados Unidos y, de ninguna manera pretendo señalarlos con el dedo acusador, dado que un buen número de ellos son personas decentes y trabajadoras que no tuvieron más alternativa que tomar la inconcebible decisión de dejar atrás sus hogares y familias para arriesgar sus vidas encaminándose hacia el norte. Mis oraciones están con cada uno de ellos, pero eso no quita que Estados Unidos no está en lo absoluto obligado a abrirle un espacio a cada individuo que cree o tiene una buena razón para dejar su propio país en búsqueda de mejores oportunidades en el ajeno.

Cuando se reflexiona al respecto, la decisión que toman los que migran es únicamente concebible en circunstancias extremas al punto en que arriesgar la vida intentando cruzar al otro lado deja de ser algo descabellado; pero, de nuevo, basta con observar lo que está sucediendo en Europa con relación a la inmigración y cualquier persona con una onza de sentido común inevitablemente concluirá que una política de fronteras abiertas es lo más irresponsable que un gobierno podría llegar a hacer.

De esta cuenta, por un lado nos enfrentamos a personas que tienen las mejores razones del mundo para sentirse desesperados y sin más opciones y, por el otro, un montón de gobiernos inútiles que no han sido capaces de proveer las condiciones que permitan la generación de empleos en sus respectivos países ni decididos a ponerle un alto a la violencia desenfrenada que flagela a sus ciudadanos y a tantas otras injusticias sociales; pero eso sí, prestos a brindarle su apoyo total y solidario a cualquiera que esté dispuesto a abandonar a su familia para cruzar la frontera y, así convertirse en parte de la oprobiosa máquina generadora de dólares que los sostiene.

¡Qué paradoja! Entre menos hacen los gobiernos para proveer las condiciones apropiadas para la generación de empleos y seguridad a sus ciudadanos, más personas migran hacia Estados Unidos para enviar los dólares ganados con el sudor de su frente que mantienen a flote a esos mismos incapaces gobiernos. Es como si tuviéramos una empresa que entre menos le invirtamos y menos esfuerzos dediquemos a su gestión, se haga más rentable.

Tal como lo hizo el despreciable Fidel Castro mientras vivió y lo continúa haciendo su hermano, Raúl, enviando a miles de jóvenes mujeres –la mayoría menores de edad– para prostituirse en las calles de La Habana para satisfacer las más bajas pasiones de miles de igualmente despreciables "turistas" que viajan a la soleada isla con la única finalidad de hacer realidad aquello con lo que en casa únicamente pueden fantasear en sus mentes enfermas, para financiar al fracasado sistema cubano, lo hacen nuestros gobiernos con los millones de hombres y mujeres que en su desesperación por ganarse el sustento para sus familias no tienen más remedio que dejarlo todo para ir a vivir en las sombras de la ilegalidad.

¡Proxenetas, es lo que son!

Previo a las recientes elecciones llevadas a cabo en México en el pasado mes de julio, seguía con cierto estupor el debate llevado a cabo entre los aspirantes a la presidencia y me sorprendió (aunque ya a estas alturas ya nada debería hacerlo) la manera tan expedita en que los cuatro llegaron a un consenso en torno al tema migratorio. Resulta ser, según ellos, que se trata de algo tan simple como robustecer los mecanismos de apoyo con los que ya cuentan los migrantes mexicanos que viven ilegalmente en Estados Unidos, cuyo único propósito sea evitar que éstos sean deportados: Incrementar el número de consulados, proveerles apoyo legal y asesoría, y, por supuesto, continuar las labores de cabildeo que garanticen que sus cómplices, los demócratas, sigan interfiriendo con cualquier esfuerzo por parte del gobierno federal por aplicar las leyes migratorias vigentes.

En Guatemala tenemos un dicho que dice: *Se juntó el hambre con la gana de comer*: Por un lado tenemos a los políticos latinoamericanos defendiendo a toda costa el que es sin duda nuestro segundo más vergonzoso producto de exportación (apenas detrás de las drogas) y, por el otro, están los demócratas, cuyo único interés en favorecer y fomentar la inmigración es que ven en los ilegales una fuente inagotable de incautos que venga a suplir su deteriorada base de votantes.

Construir el muro prometido por el Presidente Trump está más allá de cualquier debate político: a) hace sentido, b) es indispensable para mejorar la seguridad de la frontera más vulnerable de los Estados Unidos y c) es factible.

FINANCIANDO LA CONSTRUCCIÓN DEL MURO

Construir un muro que cubra los casi 3,200 kilómetros de frontera que separan a Estados Unidos de México se estima que cueste unos US$25 millardos, mismos que de acuerdo con el plan y promesa del Presidente Trump México deberá pagar.

Siendo así, para que efectivamente se construya el muro de acuerdo con lo prometido por el Presidente Trump durante su campaña, México –o los mexicanos– tendrían que desembolsar los US$25 millardos que se requieren para éste.

¿Es éste un objetivo alcanzable? ¿Hay alguien que honestamente crea que esto pueda suceder?

Sinceramente, es algo muy poco realista si para ello se requiere que el gobierno de México haga un cheque por dicha cantidad.

Dicho sea de paso, yo estoy totalmente de acuerdo con el Presidente Trump en cuanto a que México debe de costear la construcción del muro y su manutención, al menos hasta cierto punto, así que concebí un mecanismo que logra ambas cosas: Financiar la construcción del muro con la aportación de México en la justa proporción que le corresponde y, lo que es más, ¡que lo haga de buena gana!

Se estima que en Estados Unidos viven al día de hoy doce millones de inmigrantes ilegales, de los cuales siete millones, o 55% son mexicanos, mientras que alrededor de 1.7 millones, o 14% son mis paisanos centroamericanos, y así sucesivamente…

Y ahí están, doce millones de almas viviendo a lo largo y ancho de los Estados Unidos de América, sin mostrar el más mínimo respeto por sus leyes migratorias –entre otras–, actuando como que si no pasara nada, trabajando sin permiso para hacerlo, enviando dinero a sus familiares que abandonaron en sus países de origen o sacando adelante a sus familias beneficiándose de todo lo que este país tiene para ofrecer: libertad, ahora bajo el Presidente Trump una economía boyante, un entorno mucho más seguro del prevalente en el lugar de donde provienen y educación gratuita para sus hijos, por mencionar sólo unos pocos. Y todo esto sin pagar impuestos.

¿Acaso suena esto justo?

¡Por supuesto que no, al menos para los ciudadanos americanos que trabajan y pagan sus impuestos!

Siendo así, uno asumiría que existe un total consenso entre éstos de que es necesario hacer algo para corregir esta injusta situación, ¿pero qué cree? Que no lo hay (un consenso). Hay algunos que no sólo se oponen a hacer algo al respecto, sino que de hecho hacen todo lo que está a su alcance para crear las circunstancias que favorezcan un aún mayor flujo de inmigrantes ilegales hacia su propio país.

Su lógica es aplastante: Más inmigrantes ilegales significan más votos para favorecer a sus candidatos. Apuesto a que ya sabe a quiénes me refiero: Claro, por supuesto, a los cínicos políticos demócratas y a sus aliados los mentirosos de los grandes medios de comunicación.

Yo, por supuesto, estoy convencido de que no sólo sería justo que Estados Unidos le pusiera un freno al incontrolable y por demás peligroso flujo de inmigrantes ilegales hacia su territorio, sino que estoy totalmente de acuerdo con la visión del Presidente Trump y su equipo de trabajo de que hacerlo es un tema de seguridad nacional.

¡Los Estados Unidos tienen que recuperar su soberanía!

Yo lo veo de esta manera: En mi casa yo decido quién entra, por cuánto tiempo permanece ahí, qué puede y qué no puede hacer mientras dura su estancia y, por supuesto, quién de plano se queda afuera; así que por qué alguien pretendería imponer un estándar diferente al pueblo norteamericano.

Ahora bien, siendo pragmáticos, ¿resultaría factible que ICE y el resto de autoridades y cortes migratorias de Estados Unidos pudieran en algún momento capturar, procesar y deportar a sus respectivos países de origen a doce millones de hombres, mujeres y niños?

¡Por supuesto que no! Entonces, ¿qué opciones hay?

Veamos la más evidente: Tirar la toalla tal como lo han hecho todas las administraciones pasadas. Esto es simplemente ignorar el asunto y voltear a ver para otro lado, que es exactamente lo que los políticos demócratas pretenderían que el gobierno continúe haciendo, dado que saben, o al menos asumen, que los inmigrantes ilegales son potenciales votantes para su causa en virtud de la asociación perversa que los une con ellos. Y, por supuesto, esto es con lo que sueñan los gobiernos proxenetas de Latinoamérica, ya que es este *status quo* lo que apuntala sus economías, proveyendo una solución para sus desempleados a la vez que un flujo constante de divisas de las cuales han venido a depender.

Entonces, ¿qué queda por hacer?

Bueno, aquí es donde mi propuesta entra en juego. Se la explicaré, si pacientemente y con una mente abierta me acompaña a lo largo de las próximas páginas. Por favor, tome en cuenta que el planteamiento que pongo sobre la mesa es multidimensional y acota el tema de la migración desde varias perspectivas las cuales se irán evidenciando conforme avance en su lectura.

El primer aspecto de mi propuesta requiere que el Presidente Trump otorgue un indulto presidencial y "green cards" a todos (sí, a todos) los inmigrantes ilegales residiendo en Estados Unidos desde antes del 20 de enero de 2017.

"¿Qué?" Sí, lo que acaba de leer, pero le pido que por favor aún no tire el libro a la basura.

De acuerdo al modelo que planteo, cada uno de los candidatos que aspiren a obtener el mencionado indulto y la correspondiente "green card" tendría que cumplir con una serie de requisitos previamente:

1. Él o ella tendría que proveer evidencia irrefutable de haber ingresado a Estados Unidos antes de la fecha indicada

2. Él o ella tendría que aportar evidencia suficiente e indisputable de que desde su ingreso a Estados Unidos ha vivido de una manera ordenada y respetuosa de las leyes (a no ser por las migratorias que violó al ingresar y permanecer sin permiso) y que no ha participado en manera alguna en actividades ilícitas

3. Él o ella tendría que firmar una declaración jurada por medio de la cual expresamente declara que: a) a sabiendas, ingresó ilegalmente a Estados Unidos o ingresó legalmente pero permaneció en el país de manera ilegal, b) ha estado viviendo en Estados Unidos no obstante que tiene pleno conocimiento de que no tenía el derecho legal de hacerlo, c) ha estado trabajando sin un permiso apropiado para hacerlo (en los casos en que aplique), e) se ha estado aprovechando de bienes y/o servicios provistos por el gobierno de Estados Unidos y/o sus agencias (tales como educación pública gratuita, transporte, programas de asistencia social, etc.) los cuales son para beneficio exclusivo de los ciudadanos americanos

4. Él o ella, con pleno conocimiento, voluntaria e irrevocablemente, renuncia a cualquier derecho presente o futuro que le faculte a solicitar residencia o ciudadanía para sus familiares cercanos que son o podrían llegar a ser elegibles bajo la legislación vigente o cualquiera que sea aprobada por el Congreso en el futuro

5. Declara su disposición y conformidad a pagar al gobierno federal de Estados Unidos una penalidad o multa por una única vez por: a) haber ingresado al territorio soberano de Estados Unidos de manera ilegal, b) haber vivido ilegalmente en Estados Unidos durante el tiempo durante el cual lo ha hecho, c) haber trabajado (si aplica) sin el permiso correspondiente, d) no haber pagado impuestos

sobre las rentas generadas, y e) haberse aprovechado de beneficios y/o servicios provistos por el gobierno de Estados Unidos y/o sus agencias sin tener derecho a ellos

6. Pagar la penalidad o multa, la cual se establecería en US$5,000 por cabeza de familia más US$1,000 por cada dependiente directo (esposa o concubina e hijos menores de 18 años)

Los números que presento a continuación son meras estimaciones, pero deberían proveer una buena idea de lo que se podría lograr de implementarse lo que propongo.

Asumiendo que de los doce millones de actuales inmigrantes ilegales diez sean capaces de cumplir con el requisito de demostrar que han tenido una conducta ejemplar desde su ingreso a Estados Unidos (principalmente no tener antecedentes penales) y, de esos, la mitad o cinco millones sean solteros mayores de dieciocho años o cabezas de familia y los restantes cinco millones sean dependientes.

Tomando como buenas dichas asunciones, hagamos las matemáticas:

$$5{,}000{,}000 \times US\$5{,}000 = US\$25{,}000{,}000{,}000$$

$$5{,}000{,}000 \times US\$1{,}000 = \underline{US\$\ 5{,}000{,}000{,}000}$$

$$\underline{US\$30{,}000{,}000{,}000}$$

El total es de US$30 millardos, lo que resultaría suficiente para costear la construcción completa del muro y proporcionaría US$5 millardos extras que bien podrían ocuparse para ya sea establecer un fondo para el mantenimiento futuro del mismo, o bien asignarse a instituciones como ICE o a otras actividades necesarias para la protección fronteriza y para soportar legislación encaminada a crear desincentivos para la inmigración ilegal, tal como la iniciativa de ley presentada recientemente por la Representante Diane Black, el "Zero Tolerance for Illegal Entry Act" (Ley de Cero Tolerancia para el Ingreso Ilegal), por medio de la cual el ingreso ilegal al territorio estadounidense aunque sea por primera vez se consideraría un delito y no una falta administrativa como ocurre en la actualidad y haría mandatorio el "E-Verify", que es un mecanismo por medio del cual se requiere que los empleadores verifiquen el estatus migratorio de cualquier persona previo a su contratación.

De esta cuenta, mi propuesta no sólo cumple con el propósito de proveer los fondos para la construcción del muro, sino que resuelve de una vez por todas la situación de diez millones de inmigrantes que viven ilegalmente en Estados Unidos, incluidos, por supuesto, los beneficiarios del DACA y, por si eso fuera poco, México (los mexicanos, de hecho) estarían pagando de manera directa 55% del costo de construcción del muro, mientras que los centroamericanos asumirían 14% del mismo, lo cual resulta más que justo, siendo que al igual que los mexicanos son usuarios frecuentes de la frontera sur de Estados Unidos.

Mi propuesta es una oportunidad única y un escenario ganar-ganar: Permite el cumplimiento de la promesa del Presidente Trump a la vez que otorga a los millones de inmigrantes ilegales que viven en Estados Unidos una verdadera oportunidad de solventar su situación de una vez por todas y a un costo más que razonable. En este sentido y como referencia, es importante mencionar que a un mexicano o centroamericano que quiere ingresar ilegalmente a Estados Unidos, típicamente, le cuesta alrededor de US$5,000 contratar los servicios de un coyote "confiable".

No obstante, los escépticos dirán que a la mayoría de inmigrantes ilegales no les resultaría factible reunir el dinero necesario para pagar la penalización o multa, pero es de notar que los inmigrantes ilegales mexicanos que viven en Estados Unidos envían a sus familiares en México un promedio de US$3,850 anuales, para un total de alrededor de US$27 millardos (en 2016).

Pero, aunque concediéramos que quizá no sea la cantidad de dinero que ellos mantienen bajo el colchón, una opción sería darle al gobierno mexicano la oportunidad de hacer algo al respecto más allá de la retórica populachera: ya sea que encuentre la manera de proporcionar créditos blandos a sus ciudadanos para que regularicen su situación en vez de gastar quién sabe cuánto en proporcionarles asistencia legal a través de sus 50 consulados para que continúen como ilegales desafiando las leyes de su vecino país.

De cualquier forma que se le vea, esto sería un negocio redondo para cualquier país altamente dependiente de las remesas para su subsistencia. Por ejemplo, para México significaría fondear o subsidiar de alguna manera US$19.25 millardos para garantizarse como mínimo un flujo anual de US$27 millardos, los que fácilmente podría recuperar imponiendo un impuesto a las remesas.

Incluso, para la banca norteamericana también resultaría interesante otorgar créditos a los inmigrantes ilegales; particularmente, dado que éstos estarían en proceso de convertirse en residentes legales y eventualmente ciudadanos, lo que no sólo les garantizaría la posibilidad de seguir trabajando sino que es muy probable que su nivel de ingresos mejore al ya no tener que conformarse con un "salario reducido" impuesto por su condición de ilegales.

El gobierno de México y el resto de países altamente dependientes de las remesas para su subsistencia estarían encantados de la vida por el hecho que de la noche a la mañana uno de sus principales (sino es que el principal) productos de exportación, la mano de obra, adquiere legalidad en Estados Unidos y, como consecuencia, tendrían mucho más certeza al momento de planificar y elaborar sus presupuestos.

Evidentemente, para lograr que esto funcione se requeriría del compromiso de la Cámara y el Senado quienes tendrían que hacer lo propio para abolir leyes migratorias a las que el Presidente Trump certeramente se ha referido como "redactadas por personas que claramente no aman a este país [Estados Unidos]".

Insensateces tales como la migración en cadena, la indefensible lotería de visas por diversidad, la política de "capturar y soltar", el hecho de que cruzar ilegalmente la frontera sea únicamente una falta administrativa y no un delito como correspondería, y el absurdo e incoherente concepto de ciudades y estados "santuarios", deben de ser reemplazados por una legislación y políticas migratorias estrictas que únicamente permitan la migración con base en mérito.

Por supuesto que una alternativa, o Plan B, sería que Estados Unidos imponga un impuesto especial a las remesas enviadas desde dentro de sus fronteras, mismo que si, por ejemplo, se fijara en 10%, le significaría al gobierno federal ingresos del orden de US$4 a US$5 millardos al año. Este ingreso le permitiría hacer una emisión de bonos para la construcción del muro con el respaldo de los ingresos por concepto del impuesto antes mencionado. Claro que esta alternativa aunque resuelve el financiamiento de la construcción del muro no provee una solución para los millones de inmigrantes ilegales que viven en territorio americano.

"ANOTANDO LOS NOMBRES"

Sobra decir que la ONU es una abominación que únicamente sirve dos propósitos: 1) Promover e imponer una ideología de extrema izquierda a lo largo y ancho del mundo, y 2) proveerles de una vida cómoda y glamorosa a una partida de hipócritas, parásitos y vividores, a costa, principalmente, de los contribuyentes estadounidenses (de 193 países miembros de la ONU, Estados Unidos acarrea con 22% del presupuesto total de esta tan nefasta organización).

De igual manera, es evidente para cualquiera que la ONU está totalmente sesgada en contra de Israel y que sistemáticamente se opone a sus muchas justas causas y reclamos, sin importar de qué traten, mientras que abierta y descaradamente apoya y financia a sus perversos enemigos.

Siendo así, cuando ante el pleno de la ONU se plantea una resolución para condenar a Israel o alguna acción de sus muy contados aliados en su defensa o apoyo, votar "a favor" de dicha condena pone a cualquier país del lado equivocado de la historia, mientras que votar "en contra" lo coloca como miembro de una muy selecta *elite* que de alguna manera "entiende" (o quizá no, pero sin saberlo apoya) el plan de Dios y se para del lado de Su justa causa.

En 1995, la Cámara Baja del Congreso de Estados Unidos pasó una propuesta de ley que fue luego sancionada por el Senado, el "Decreto de la Embajada en Jerusalén", que se convirtió en Ley el 23 de octubre del mismo año sin que, por supuesto, la firmara el entonces presidente, el pervertido Bill Clinton.

Por medio de este decreto Estados Unidos reconoce a Jerusalén como la capital del Estado de Israel y hace un llamado para que dicha ciudad permanezca unida (no dividida). Su propósito también fue asignar los fondos necesarios para reubicar la embajada de Estados Unidos de su locación en Tel Aviv a Jerusalén para mayo de 1999.

La misma ley contemplaba una cláusula mediante la cual el presidente podía invocar una exención de seis meses para dicho traslado, y prorrogarla tantas veces como fuese necesario aduciendo cuestiones de "seguridad nacional". Previsiblemente, dicha exención fue utilizada por Bill Clinton; lamentablemente, por el Presidente George W. Bush y, evidentemente, por Barack Obama.

El Presidente Trump firmó una exención en junio de 2017, pero ese mismo año, el 6 de diciembre, reconoció a Jerusalén como la capital de Israel y, finalmente, el 23 de febrero de 2018, ordenó el traslado de la embajada de su país al lugar que en ese momento ocupaba el consulado general en el barrio de Arnona en Jerusalén. La apertura oficial de la reubicada embajada fue oficializada el 14 de mayo de 2018, conmemorando el 70º aniversario de la independencia del Estado de Israel.

Con todo y que la decisión del Presidente Trump de reconocer a Jerusalén como la capital de Israel y trasladar ahí la embajada de su país fue en estricto cumplimiento de una ley aprobada hacía más de 20 años, la cual fue reafirmada unánimemente por el Senado en una votación llevada a cabo el 5 de junio de 2017 –que apercibió al Presidente Trump de apegarse a lo resuelto– el mundo entero lo señaló a él acusándolo de colocar al Oriente Medio y, por qué no, al mundo entero, al borde de la guerra.

De manera lamentable aunque no sorprendente, sus más acérrimos detractores fueron sus archienemigos dentro de su propio país y los líderes políticos de otros muchos países a los que Estados Unidos ha sacado de apuros demasiadas veces y que se dicen sus aliados.

Yo me regocijo cada vez que recuerdo la manera en que la Embajadora Haley (a quien admiro y respeto profundamente, y quien va a convertirse en la primera mujer en ocupar la presidencia de Estados Unidos) se dirigió a la Asamblea de la ONU haciéndoles saber a todos los presentes de manera enérgica e inequívoca que iba a estar "tomando nombres" cuando se votara para condenar la acción de su país.

A propósito, creo que este evento en particular es un perfecto ejemplo de la posición que típicamente adopta la ONU, siempre pretendiendo imponer su visión sesgada y radical con respecto a toda clase de asuntos.

Por favor, permítame explicarme más claramente:

¿Estaba Estados Unidos de alguna manera pretendiendo imponer su punto de vista con respecto a Jerusalén al resto del mundo? ¿En algún momento la Embajadora Haley planteó una resolución por medio de la cual la ONU, como tal, reconocería a Jerusalén como capital del Estado de Israel? ¿Me perdí de algo, o toda la discusión tenía que ver con el hecho de que los Estados Unidos de América, como la nación libre que es, unilateralmente decidió hacerlo y, ejerciendo su soberanía, gestionaba lo necesario para trasladar su embajada de Tel Aviv a Jerusalén?

¿Qué más le da a la ONU lo que Estados Unidos haga mientras no viole flagrantemente los derechos de otro país?

¡Qué se creen!

Lo que la ONU haga o declare en su calidad de *pseudo* cuerpo colegiado es su problema y no debería de tener nada que ver con lo que uno de sus miembros haga o declare por cuenta propia.

¿Qué pasaría si a Estados Unidos se le ocurriera reconocer a Lyon como la capital de Francia y los franceses le siguieran el juego? ¿Por qué habría de importarle a la ONU y por qué tendría ésta que pasar una resolución condenando a Estados Unidos por hacerlo?

Concedo que la comparación es simplemente estúpida, pero ciertamente ayuda a dejar en claro el punto.

"Por supuesto", argumentarán, "hay una enorme diferencia, dado que en el caso de Jerusalén existe un reclamo por el territorio en el que ésta se encuentra establecida." Cierto, pero no se debe perder de vista que dicho reclamo carece por completo de mérito alguno y que el tal "reclamante" es un estado *de jure* que no cuenta con reconocimiento internacional; es decir, no existe.

Jerusalén es sin duda alguna una ciudad indivisa y la capital del soberano Estado Judío de Israel, muy a pesar de lo que unos cuantos tecnócratas quieran argumentar al respecto y no con base en mi propia opinión o la de cualquiera otro, sino porque así lo dice Dios.

Puesto de manera muy simple: Jerusalén es la capital de Israel por decreto Divino, punto.

Ahora volvamos al infame voto por la resolución condenatoria hacia los Estados Unidos de América por ejercer su soberanía.

A pesar de que "condenar" a Estados Unidos por atreverse a diferir del conceso de los estados miembros de la que soñaría con ser el "Big Brother" orwelliano –me refiero, por supuesto, a la ONU– no tiene ningún efecto práctico ni obliga en lo absoluto a Estados Unidos, el hecho es que la votación se llevó a cabo y la resolución condenatoria fue aprobada con 128 votos a favor, 35 abstenciones y 21 a quienes el asunto no les interesó o no tuvieron el valor de presentarse para ejercer su voto.

Dado que el tema central de este libro gira en torno a Estados Unidos y ciertos aspectos de la relación de este país con Latinoamérica, me voy enfocar en cómo votaron los países de la región en este asunto.

Únicamente dos países latinoamericanos se pararon en la brecha y votaron en contra de la resolución condenando a Estados Unidos por su largamente postergado reconocimiento formal de Jerusalén como la legítima capital del Estado Judío de Israel: Mi patria, Guatemala y nuestro vecino, Honduras.

En cuanto al resto, o votaron a favor de condenar a Estados Unidos:

- Barbados
- Belice
- Bolivia
- Ecuador
- Granada
- Guyana

- Brasil
- Chile
- Costa Rica
- Cuba
- Dominica
- Nicaragua
- Perú
- San Vicente y las Granadinas
- Uruguay
- Venezuela

O, aún peor –cobardemente– se abstuvieron de votar:

- Antigua-Barbuda
- Argentina
- Bahamas
- Canadá
- Colombia
- República Dominicana
- Haití
- Jamaica
- México
- Panamá
- Paraguay
- Trinidad y Tobago

Para aquellos que se pusieron del lado de Estados Unidos e Israel:

Porque estrecha es la puerta, y angosto el camino que lleva a la vida, y pocos son los que la hallan. (Mateo 7:14, RVR 1960)

Para aquellos que irrespetaron a Estados Unidos e Israel:

El que no es conmigo, contra mí es; y el que conmigo no recoge, desparrama. (Mateo 12:30, RVR 1960)

Para los timoratos que se abstuvieron de votar o no tuvieron interés en presentarse para hacerlo:

¡Ojalá fueses frío o caliente! Pero por cuanto eres tibio, y no frío ni caliente, te vomitaré de mi boca. (Apocalipsis 3:16, RVR 1960)

Uno de los puntos del brillante discurso de la Embajadora Haley que causó la mayor impresión en mí y, estoy seguro, en aquellos presentes en la sesión y a punto de votar, fue cuando ella dijo claramente que estaría "anotando los nombres" tanto de aquellos que tomaran partido a favor de Estados Unidos e Israel como de aquellos que les volvieran la espalda.

"¡Ya era hora!" Pensé. Sí, por supuesto que ya era tiempo de que los Estados Unidos de América se dirigiera al mundo desde la robustez que uno esperaría de la más poderosa nación del mundo y no desde la patética posición de falsa modestia, vergüenza y de un inexplicable sentimiento de culpabilidad que caracterizó la postura estadounidense frente al mundo durante la presidencia de Obama.

La siguiente analogía pretende añadir más claridad a mi punto anterior:

Imagine que va a asistir a la reunión de sus compañeros de promoción de la escuela por primera vez en 20 años y que, gracias a las redes sociales, tiene la total certidumbre de que usted es por mucho el más exitoso de todos sus colegas estudiantiles.

Y cuando digo "por mucho" eso es exactamente lo que quise decir. Por un lado, no sólo ha tenido una muy exitosa carrera que le ha permitido hacerse de una nada despreciable fortuna, sino que, por otro lado, a sus ex compañeros no les ha ido nada bien. Por alguna razón ninguno de ellos "la hizo" y todos la han tenido bastante complicada.

Tiene pensamientos encontrados al respecto: Una muy atractiva opción es simple y sencillamente no asistir a la reunión como lo ha hecho los últimos diecinueve años; otra podría ser ir a comprar un traje de segunda mano, estacionar su auto a unas cuantas cuadras del lugar del evento para evitar que alguno lo vea descender de su "nave" de seis cifras y pasarse toda la noche evadiendo cualquier pregunta relacionada con a qué se dedica o cómo le ha ido, o, de plano, mentir al respecto; u, otra opción sería presentarse al evento tal cual es y que cada quien reaccione como guste hacerlo.

Ya explique quién es Estados Unidos en el contexto de la comunidad internacional con la finalidad de proporcionar una perspectiva al punto que estoy tratando de dejar en claro. Es evidente que dicho país está en la parte más alta de la cadena alimenticia mundial sea que nos guste o no. Siendo éste el caso y tomando en consideración el factor adicional de que la gran mayoría del resto de países dependen −en el mejor de los casos− en alto grado de su intercambio comercial con los norteamericanos, o –en el más lamentable escenario– de su caridad; como nación, a Estados Unidos le corresponde una posición preponderante y no debería de continuar apoyando a países y organismos internacionales por igual que no le muestran ni el más mínimo respeto.

Sobra decir que en ese triste día en la ONU, no sólo la Embajadora Haley estuvo anotando nombres: El Dios Único y Verdadero lo hizo también.

LA INSENSATEZ DE LOS TRATADOS COMERCIALES INTERNACIONALES

El Presidente Donald Trump ha socavado los fundamentos del comercio internacional arremetiendo con cruentos aranceles a miles de millones de dólares de productos provenientes de la Unión Europea, Canadá, México y China...

Así proclamó el encabezado de la BBC que reportaba la que, sin duda, ha sido una de las más valientes decisiones del Presidente Trump hasta hoy.

...Todos estos países están tomando represalias como corresponde, imponiendo gravámenes en miles de productos estadounidenses.

Esto pone a las más grandes economías del mundo agarrándose del pescuezo.

La nota continua.

Muchos viven bajo la absurda creencia de que vivimos en la era de la "globalización" y que, por lo tanto, los países juegan limpio con tal de que todos nos beneficiemos del libre comercio y la competencia abierta, gracias a lo cual los consumidores en todo el mundo siempre obtenemos los mejores productos y servicios disponibles al mejor precio, independientemente de cuál sea su origen.

¡Nada más alejado de la realidad!

La mayoría de los países (si no es que todos) utilizan diversas barreras a las importaciones, ya sea de manera directa a través de aranceles, o, indirecta, por medio de barreras no arancelarias (licencias o cuotas de importación, subsidios, requerimientos específicos de contenidos a productos, devaluación monetaria, mantenimiento de salarios bajos, etc.), así que pensar que vivimos en un mundo sin fronteras es por demás *naïve*.

Siendo así, un encabezado que de manera tan dramática denuncia que *"el Presidente Donald Trump ha socavado los fundamentos del comercio internacional"* por utilizar un recurso que la mayoría de países, particularmente aquellos a quienes la medida por él anunciada está dirigida, usan libre e indiscriminadamente, es irresponsable, tendencioso e incendiario.

Al atestiguar la puñalada en la espalda que le atestó el primer ministro canadiense, Justin Trudeau, al Presidente Trump, con sus cobardes declaraciones, uno no tiene más que preguntarse si es que verdaderamente el primer ministro no está enterado de la postura de su propio país con respecto al comercio internacional, o si, de plano, nos quiere tomar a todos por una partida de ignorantes.

Ahora resulta que el pobrecito se sintió profundamente insultado y *"le tomo mucho superar"* el hecho de que Canadá de pronto pasó a convertirse en *"una amenaza para la seguridad de Estados Unidos"*. ¡Oh insensible y cruel Presidente Trump! ¿Cómo se atreve usted a decir semejante barbaridad cuando los soldados canadienses *"han muerto peleando al lado de los americanos en las costas de la Segunda Guerra Mundial, en las montañas de Afganistán y han permanecido hombro con hombro a su lado en algunos de los más hostiles lugares del mundo..."*?

Perdóneme usted pero, ¿de qué está hablando el Primer Ministro Trudeau?

¿Seré yo acaso el único que no captó en lo absoluto el punto de su lastimera retórica?

¿Acaso quiso decir es que el Presidente Trump había recurrido a incrementar los aranceles al acero y aluminio aduciendo "razones de seguridad nacional" por temor a que los canadienses pudieran esconder una bomba en algún embarque de papel aluminio, o que se les ocurriera adulterar el acero que exportan a Estados Unidos con la finalidad de que así de pronto y de manera inexplicable los edificios empiecen a colapsar causando pánico y confusión a lo largo y ancho de su vecino país?

Para mí es tan obvio y evidente que la preocupación con respecto a la seguridad nacional expresada por el Presidente Trump no tiene absolutamente nada que ver con que él abruptamente haya experimentado un ataque de paranoia que lo llevara a sospechar de los que han sido viejos y leales amigos de Estados Unidos –los canadienses– que me parece un insulto a la inteligencia el burdo intento del Primer Ministro Trudeau de convencer a la opinión pública de que ése era el caso y, de esta manera, asegurarse algún grado de empatía sino de los ciudadanos del mundo al menos sí de los votantes en su propio país, particularmente siendo que las elecciones quedan a menos de un año de distancia.

El punto del Presidente Trump es, y lo digo con total imparcialidad, que el aluminio y el acero son –dada su naturaleza como recursos esenciales para la industria militar– de importancia estratégica para Estados Unidos y, siendo así, sería totalmente irresponsable y falto de sabiduría permitir que las industrias americanas del acero y aluminio sucumbieran ante la competencia extranjera (esto sin siquiera considerar el hecho igualmente importante de los muchos trabajos en riesgo).

¿Puede usted imaginarse lo que hubiera ocurrido si durante la Segunda Guerra Mundial Estados Unidos hubiese dependido de importar el acero necesario para construir tanques, aviones y barcos?

Seguramente, habrá un impacto en los costos de manufacturar incontables bienes que utilizan ya sea acero o aluminio (o ambos) como materias primas –como automóviles– pero cuando se contrasta este efecto con el valor estratégico de contar con una robusta y confiable industria metalúrgica en casa, no hay mucho que considerar.

Como sea, ¿qué tan probable es que el deschavetado intento del Presidente Trump de *"socavar los fundamentos del comercio internacional"* cumpla dicho cometido, y quién resultará vencedor de la guerra apocalíptica que él empezó?

Bueno, primero que nada sería prudente recordar la letra de la canción del gran maestro Billy Joel:

Nosotros no encendimos el fuego

Éste ya estaba ardiendo

Desde que el mundo está girando

Es un hecho que el Presidente Trump no inició una guerra comercial en contra de China, la Unión Europea o los vecinos más cercanos de Estados Unidos, Canadá y México. La realidad es que estos países al igual que muchos otros más se han venido aprovechado en su propio beneficio de la generosidad y buena fe de los norteamericanos por mucho tiempo.

Pero, no obstante lo obvio que esto resulta para todo el mundo, ellos se atrevieron a tomar "represalias" ante los aranceles anunciados por el Presidente Trump, mientras sacudían sus cabezas en total indignación.

En capítulos anteriores proporcioné una clara fotografía de quién es Estados Unidos en el contexto de la economía mundial, así que para cualquiera debería resultar bastante fácil elegir un ganador y apostarle todo a favor. La única legítima preocupación podría ser, en dado caso, que no obstante la clara ventaja que desde hace mucho han tenido los estadounidenses no han sido capaces de beneficiarse de ésta, así que, ¿por qué habría de ser diferente esta vez?

Respuesta corta: Porque Donald Trump está ahora a cargo.

Los medios de comunicación, con un claro sesgo izquierdista, quieren hacernos creer que las decisiones del Presidente Trump son irreflexivas e impulsivas; algo así como que él tuviera una tendencia a levantarse del lado equivocado de la cama y que cuando lo hace actúa caprichosamente por el resto de ese día y, por si esto fuera poco, está rodeado de una partida de incompetentes y faltos de carácter que se limitan a hacer lo que el patrón les manda hacer.

Cualquiera capaz de por un momento hacer a un lado sus prejuicios en contra del Presidente Trump tendría que ser capaz de entender que cada palabra que él pronuncia o escribe está brillantemente calculada y que cada acción que emprende es parte de una meditada y meticulosamente diseñada estrategia, que ha ponderado todos los posibles escenarios, reacciones, resultados e impactos colaterales.

El Presidente Trump, como lo hacen los grandes maestros del ajedrez, tiene una sorprendente habilidad para anticipar varias jugadas de sus oponentes y una inteligencia ante la cual éstos quedan perplejos y totalmente indefensos.

No hay ninguna guerra comercial en curso o gestándose, dado que para que una guerra ocurra se requiere de, al menos, dos oponentes y la incuestionable realidad es que nadie en su sano juicio desafiaría a unos Estados Unidos resueltos. Es una vergüenza que todo el mundo lo haya hecho en el pasado saliéndose con la suya, pero las cosas han cambiado dramáticamente en los últimos poco más de 500 días; siendo así, sería prudente que los líderes mundiales recordaran las sabias palabras de Isoroku Yamamoto:

Me temo que lo único que hemos logrado es despertar a un gigante dormido, llenándolo de una terrible determinación.

Aquellos que han sido capaces de ver más allá de la retórica han claramente comprendido el significado de las palabras del Presidente Trump: *"Comercio justo debe de ser llamado comercio tonto si no es recíproco"* y que pretender seguir saliéndose con la suya dejó de ser una opción.

Los miembros de la Unión Europea, luego de dar el trago amargo y hacer a un lado su orgullo, ya están sentados en la mesa de negociaciones con una mente abierta y dispuestos a revisar sus prácticas comerciales. China, seguramente seguirá sus pasos, siendo que es el país que más tiene que perder (dado su inmenso superávit comercial con Estados Unidos), mientras que los respectivos líderes de México y Canadá, luego de patalear y gritar por un rato más –más para demostrarle a sus ciudadanos el coraje y la determinación con que defendieron los intereses nacionales que con la esperanza de lograr nada– van a recurrir a una versión moderna del Chupacabras para cambiar el foco de las noticias, mientras se relamen las heridas y pasan a otra cosa.

Cómo podría Estados Unidos, el por mucho mayor centro de consumo del mundo beneficiarse de cualquier tipo de tratado comercial sea bilateral o multilateral es algo que escapa a mi entendimiento.

El TLCAN es un perfecto ejemplo del punto que pretendo dejar en claro.

Para entender mejor el tamaño comparativo de los tres signatarios de este tratado veamos algunos números:

PAÍS	PIB 1994	PIB 2018
Canadá	$578.1 millardos	$1.8 billones
México	$527.8 millardos	$1.2 billones
EEUU	$7.3 billones	$20.4 billones

El tratado en cuestión, en términos generales, crea una zona de libre comercio que abarca a los tres países, lo cual implica que lo que sea que se manufacture (con algunas pocas excepciones) dentro de "la zona" puede ser vendido en cualquier lugar dentro de esta misma zona sin estar sujeto al pago de aranceles de importación.

Por favor, permítame utilizar una analogía que me ayude a enfatizar lo absurdo que resulta este "acuerdo" para Estados Unidos; todo lo contrario de lo que les ocurrió a Canadá y México, para quienes implicó algo así como ganarse el "Lotto Mega Millions" sin siquiera haber comprado un boleto.

Digamos que usted, un amigo mutuo y yo estamos en el mismo negocio: la crianza de ganado.

Usted tiene 14,000 cabezas, mientras que nuestro mutuo amigo y yo tenemos 1,000, cada uno, y los tres producimos concentrado para alimentar a nuestras reses, en cantidad suficiente para suplir completamente nuestros propios requerimientos, contando con el potencial de incrementar fácilmente nuestra producción en caso de ser necesario.

Dado que somos tan buenos amigos y de lo mucho que nos apreciamos, decidimos (aunque no recuerdo bien de quién fue la idea) firmar un acuerdo por medio del cual cualquiera de nosotros le puede vender concentrado a cualquiera de los otros dos. Podemos, por supuesto, continuar abasteciendo nuestro propio consumo, pero únicamente si nuestro costo de producción es igual o menor que el de algún otro signatario que esté interesado en vendérnoslo en cualquier momento, incluido un margen de utilidad de 10%, que los tres acordamos era razonable.

A continuación se presenta el detalle de los costos asociados a la producción de una tonelada de concentrado para cada uno de nosotros:

SIGNATARIO	MATERIA PRIMA	MANO DE OBRA	MARGEN	PRECIO DE VENTA
Usted	US$40	US$50	US$9	US$99
Amigo Mutuo	US$48	US$52	US$10	US$110
Yo	US$50	US$30	US$8	US$88

Por favor, permítame explicar las diferencias:

Con respecto a la materia prima, la principal diferencia en el costo para cada uno de nosotros es el descuento por volumen que obtenemos de nuestros respectivos proveedores. Dado que Usted produce bastante más que nosotros, de hecho, catorce veces más que cada uno o siete veces más que lo que producimos los otros dos en conjunto, obtiene un descuento considerablemente mayor; el Amigo Mutuo recibe de su proveedor un descuento marginal debido a una estrecha relación personal que tiene con él, mientras que Yo pago el precio normal al público.

En lo que respecta al costo de la mano de obra, la diferencia estriba únicamente en lo que cada uno de nosotros en su momento decidió pagarles a sus correspondientes empleados. En virtud de un acuerdo previo que hace algún tiempo los tres firmamos, ninguno puede contratar a los colonos establecidos en el rancho de los otros dos, lo que no ha sido un asunto de importancia debido a que los tres le hemos dado empleo a la totalidad de colonos de nuestros respectivos ranchos.

Dadas las reglas del nuevo acuerdo que con tanto entusiasmo firmamos, ¿qué cree usted que va a pasar hacia adelante?

La verdad, no se requiere de mayor ciencia: el feliz y afortunado gran ganador va a ser, ¡su servidor! (Yo.)

En muy poco tiempo y por la única razón de que así lo determinan las reglas de nuestro acuerdo, Yo estaré supliendo la totalidad del concentrado que requiere Usted, nuestro Mutuo Amigo y el mío propio. Por supuesto que en el corto plazo ustedes dos obtendrán ahorros importantes en la engorda de su ganado, dado que mi costo de producción de concentrado y por ende el precio al que ustedes lo estarán adquiriendo es menor de lo que les venía costando autoabastecérselo.

Pero, ¿adivine qué? En un futuro muy cercano, tan pronto como sus correspondientes plantas de producción de concentrado cierren por razones evidentes, ¿qué incentivo tendré Yo para continuar vendiéndoles el concentrado al mismo precio?

De hecho, lo que ocurrirá es que un par de años después de firmado nuestro acuerdo Yo los convocaré y les pediré que me permitan incrementar mi margen de utilidad de 10% a 20%. Por supuesto, argumentaré que aún duplicando mi margen actual, ustedes seguirán obteniendo un mejor costo que si lo fabricaran por su cuenta: US$96 (mi nuevo precio) vs. US$99 y US$110, para Usted y nuestro Mutuo Amigo, respectivamente.

Honestamente, ¿haría sentido un acuerdo como el anteriormente descrito? Bueno, dependiendo de a quién le pregunte. Si me pregunta a "mí" (el Yo del relato) o a aquellos que están total e incondicionalmente a favor del libre comercio sin tomar en cuenta otras implicaciones, la respuesta será "sí": Es un ganar-ganar, Yo soy más "eficiente" produciendo concentrado y, por lo tanto, los tres nos beneficiamos de que Yo lo fabrique y lo suministre.

Pero, ¿qué hay de los colonos que Usted y nuestro Mutuo Amigo anteriormente empleaban en sus fábricas de concentrado?

¿Qué va a ocurrir en el largo plazo?

¿Cuánto tiempo tomará para que Yo los vuelva a convocar para proponerles un nuevo incremento en mi ya holgado margen? ¿Estarán ustedes en posibilidades de decir "no", dado que ya habrá pasado una buena cantidad de tiempo desde que cerraron sus plantas?

Sólo en caso de que haya alguien que sienta la irresistible tentación de desbaratar mi analogía rebatiéndola con argumentos sustentados en una elaborada teoría económica y quién sabe qué más, de antemano concedo que no es más que un sencillo ejemplo que con toda seguridad tendrá sus fallas, pero que, a pesar de ello, sirve su propósito.

El punto en definitiva es que sea que le dé algún valor a mi analogía o no, con base en los resultados reales y los datos duros tras 24 años de funcionamiento del TLCAN, la única posible conclusión es que sería en el mejor interés de los estadounidenses echarlo abajo de una vez por todas, sustituyéndolo por condiciones equitativas y justas que permitan que cualquier país interesado en venderles productos y servicios a los consumidores americanos pueda hacerlo.

Y, tal como lo hacen las grandes corporaciones estadounidenses con sus proveedores alrededor del mundo, el gobierno lo que tendría que hacer es certificar que cualquier potencial proveedor cumpla cabalmente con una serie de prerrequisitos para tener acceso al mayor mercado del mundo; desde acatar lineamientos laborales y de derechos humanos (¡lo siento China!), comprobar el origen de sus materias primas y su adherencia a las mejores prácticas de comercio internacional, entre otros.

Si me lo permite, utilizaré otro ejemplo que se me ocurre: ¿Por qué tendrían que comprar los consumidores americanos, digamos, licuadoras hechas en Canadá, que resultan ser de muy mala calidad, "porque sí", cuando hay una fábrica en Indonesia (o en cualquier otro lado) que hace licuadoras de altísima calidad pero que dado que las canadienses resultan ser mucho más baratas en Estados Unidos gracias al TLCAN, no resultan competitivas?

Mi punto es que siendo Estados Unidos el mayor mercado de consumo en el mundo entero, cualquiera debería de tener la posibilidad de competir en igualdad de términos para beneficio de los propios consumidores americanos.

El Presidente Trump dio directamente en el clavo cuando dijo que el TLCAN es por mucho el peor acuerdo comercial que Estados Unidos ha suscrito en toda su historia, así que mi humilde consejo para él es que se deshaga del mismo tan pronto como resulte posible. Como leí en algún lado:

Si se encuentra en un agujero, deje de cavar.

"HECHO EN AMERICA"

Como se lo compartí al principio de este libro, soy un Baby Boomer/Gen X de la vieja escuela, lo que significa que me tocó vivir en la época en la que la etiqueta "Made in U.S.A." (hecho en Estados Unidos) en cualquier artículo de vestir, un televisor o cualquier otro aparato eléctrico para el hogar, o un carro, significaba muchísimo.

"Made in U.S.A." era garantía de que aquello, no importando de qué se tratara, estaba hecho con los mejores materiales, manufacturado con la más alta tecnología y por los obreros mejor capacitados, y sujeto a las más estrictas normas de calidad. Pero, sobre todo, que estaba hecho con orgullo.

En aquel entonces, cualquier cosa fabricada en Estados Unidos funcionaba como debía, era confiable y duradera.

Era un hecho que un niño iba a dejar un par de jeans Levi's mucho antes de que éstos llegaran al final de su vida útil; ¿O qué decir de la calidad de un electrodoméstico GE, una herramienta Craftsman, o un pick-up Ford Serie F?

Las personas buscaban intencionalmente adquirir bienes fabricados en Estados Unidos y, sí, incluso estaban dispuestos a pagar una prima por ellos.

¡Qué lastimosamente alejados de aquello nos encontramos hoy día! Los consumidores en general elegimos las cosas por cómo se ven o por su marca, sabiendo de antemano que la camisa Polo muy probablemente sea fabricada en Vietnam o China y que el electrodoméstico, sin importar la marca, en México o Corea.

Mi bisabuelo, que era un hombre muy próspero, a lo largo de toda su vida tuvo siempre Cadillacs, no Mercedes Benz o BMWs.

De hecho, recuerdo que cuando yo era joven (más joven), si alguien quería enfatizar la calidad de algo, lo que fuera, decía: "¡Es un Cadillac!"

También recuerdo la afición de mi abuelo por los grandes carros americanos; particularmente un enorme Rambler blanco y un hermoso Javelin verde bosque que él tuvo cuando yo era niño.

Por alguna razón, tengo una muy clara memoria de una mañana de sábado en que fuimos, mis padres, mis hermanos y yo, a casa de mis abuelos para conocer la más reciente adquisición de Nonno (como solíamos llamarlo). Para entonces ya era yo un adolecente, así que seguramente estamos hablando de principios de los ochentas. Su nuevo carro era un muy bien equipado Chrysler LeBaron.

En algún punto, mi abuelo y yo entramos al auto, él del lado del conductor y yo del lado que suele llamarse del copiloto. Él entusiasmado me mostraba las características del interior de su flamante carro cuando yo así de repente, inocente e impulsivamente, le hice una pregunta que le arruinó por completo el día a mi abuelo: "Este carro está hecho en México, ¿verdad?" "¡Por supuesto que no!" respondió él, categóricamente. "Entonces, ¿por qué están los instrumentos en español?" volví a preguntar. Él palideció y enmudeció, y pasó el resto de la tarde leyendo y releyendo el manual del propietario que, por cierto, estaba también en español.

El carro, por supuesto, resultó ser fabricado en México y devuelto a la agencia a primera hora del lunes. Por supuesto que yo no tengo nada en contra de los carros mexicanos, pero el punto que quise enfatizar es que en la mente de mi abuelo hace casi 40 años no había cabida para un carro americano no hecho en Estados Unidos.

También tengo un vívido recuerdo de un refrigerador amarillo mostaza que tuvimos en casa durante toda mi infancia y una buena parte de mi adolescencia y cómo éste nunca, ni una sola vez, dejó de funcionar. De hecho, mi mamá eventualmente se deshizo de él no porque se descompusiera irreparablemente sino porque un día decidió remodelar la cocina y el alguna vez *fashion* refri amarillo mostaza ya no precisamente encajaba con la nueva decoración.

Mucho más recientemente, cuando me trasladé a México en el año 2000, compré un set de lavadora y secadora Maytag. Esto fue, por supuesto, antes de que Whirlpool comprara Maytag, así que estamos hablando de lo auténtico: Maytag hecho en Estados Unidos para durar para siempre.

Los tuve por alrededor de diez años hasta que mi esposa y yo nos mudamos a un departamento en el cual no cabían, así que se lo vendimos a mi cuñada y nosotros compramos un nuevo set de esos en que ambas (la lavadora y la secadora) se cargan por la parte frontal a manera de que si uno así lo desea las pueda poner una sobre la otra. Dada nuestra experiencia previa, eran, por supuesto, Maytag; nada más que esta vez, como nos vinimos a enterar más tarde (demasiado tarde), eran Whirlpools hechas en Nuevo León, México, haciéndose pasar por Maytags. Esto, debido a que para nuestra desgracia (y la de muchos) Whirlpool adquirió a Maytag en 2006 con la única intención de hacerse de la prestigiosa marca, pero sin interés alguno en las razones fundamentales detrás de dicho prestigio.

Lo más asombroso de mis Maytags originales es que después de casi 20 años siguen funcionando perfectamente, mientras que desde que las reemplazamos hemos tenido (en menos de 10 años) tres diferentes sets de lavadora y secadora.

Recuerdo el comercial de la televisión de Maytag de la era pre-Whirlpool con el solitario y aburrido encargado de reparaciones ansiosamente esperando que sonara el teléfono, ¡tan justamente ajustado a la realidad!

¿Qué pasó y en qué momento "Hecho en U.S.A." se convirtió en sinónimo de poco confiable o, simplemente, dejó de existir?

Hubo un tiempo en el que ser dueño de un carro americano era, aparte de garantía de calidad y confiabilidad, un símbolo de estatus; en contraste, si hoy vemos los garajes de las personas acomodadas, particularmente en Estados Unidos, nos resultará muy difícil encontrar carros americanos. Los ricos apuntan a los importados de alta gama: Mercedes Benz, BMW, Audi, Lexus; mientras que las personas de clase media anhelan poner sus manos en los japoneses de ya probada calidad como Toyota o Honda, o los sorprendentemente confiables coreanos como Kia y Hyundai.

¿Me pregunto si aún existen Levi's hechos en Estados Unidos?

¿Será posible encontrar un teléfono celular "decente" totalmente fabricado en Estados Unidos, o al menos, una computadora personal?

Lamentablemente, la respuesta para las preguntas anteriores es "no".

Y, ¿cómo es que las fábricas americanas se convirtieron en una rareza?

Existen dos respuestas para dicha pregunta: La primera es, lamentablemente, codicia. La segunda tiene que ver con un cambio de enfoque a nivel nacional. A continuación explico en mayor detalle:

Como resultado de tratados internacionales ingenuamente concebidos y paupérrimamente negociados, Estados Unidos eliminó incontables barreras arancelarias y no arancelarias que permitieron el acceso prácticamente libre a productos manufacturados en el extranjero a su mercado. Al mismo tiempo, se dio una rápida expansión de la industria naviera que dio lugar a una inmisericorde competencia que trajo como resultado una baja significativa en los costos de transporte. Lo anterior más el hecho de que los demás países lejos de reciprocar la postura estadounidense a favor del libre comercio recurrieron (y continúan haciéndolo) a prácticas para favorecer sus propios intereses tales como subsidios y dumping, entre otras muchas, lo cual sumado al hecho de que los trabajadores de estos países eran y siguen estando condenados a recibir salarios mucho más bajos de los que devengan sus contrapartes americanos, trajo como consecuencia que los productos extranjeros se colocaran en ventaja frente a los fabricados en Estados Unidos.

Ante tal circunstancia, las corporaciones norteamericanas se defendieron cerrando sus fábricas en Estados Unidos para, ya sea abrir sus propias facilidades en algún país extranjero o tercerizando su producción a maquiladoras "near-shore" u "off-shore".

Mientras tanto, según se fue haciendo más accesible la tecnología y mientras eran financiados y/o subsidiados por sus gobiernos, los productores de incontables productos se hicieron eficientes e incluso empezaron a innovar, desplazando o relegando incluso a las más icónicas marcas norteamericanas.

Pregunta trivial: ¿Existe aún alguna marca de televisores manufacturados en Estados Unidos?

Para mi sorpresa descubrí que todavía es posible adquirir un televisor hecho en Estados Unidos de las marcas americanas: Olevia, Silo Digital y Vizio; mientras que algunas marcas extranjeras como Phillips, Magnavox, Panasonic, Sharp y Toshiba, ensamblan algunos modelos en dicho país.

(De vuelta a la seriedad.)

Tristemente, las corporaciones norteamericanas más reconocidas no se interesaron en defender los trabajos de sus conciudadanos, sino que prefirieron entrar en el círculo vicioso y nefasto de buscar incesantemente abaratar sus costos de manufactura sin consideración alguna por cualquier otra implicación.

En un capítulo anterior hice una rápida referencia al "boom" de la industria maquiladora que ocurrió en los ochentas y noventas en las zonas fronterizas de México con Estados Unidos. Lo triste con respecto a este fenómeno es que al día de hoy ya no quedan muchas empresas maquiladoras allí, en parte debido a la situación de violencia relacionada con los cárteles de la droga que prevalece en la región, pero mayormente debido al hecho de que en algún momento en el tiempo la intensa competencia por la mano de obra resultó en que la misma se encareciera al punto en que era más barato manufacturar en algún otro lado.

Las empresas se volvieron eficientes en el proceso de cerrar sus operaciones, empacar y mudarse, así que de un tiempo para acá lo hacen con bastante frecuencia, buscando mano de obra barata no importando dónde ésta se encuentre.

Como resultado de todo lo anterior, hoy existen dos "Estados Unidos": El boyante Estados Unidos representado por California y Nueva York, y el empobrecido Estados Unidos del "Heartland".

Por favor, tómese un momento para reflexionar acerca de las gigantescas empresas tecnológicas de Silicon Valley: Apple, Google, Microsoft y Facebook, entre otras. Todas ellas tienen un par de cosas en común: 1) La mayor parte de sus ventas y, por ende, de sus ingresos, son generados dentro de Estados Unidos y 2) los productos y servicios que comercializan tienen márgenes exorbitantes.

Pregunta: ¿Podrían estas empresas fabricar sus productos tangibles o hacer su trabajo de programación (desarrollo de software) en Estados Unidos si así lo quisieran?

Respuesta: Por supuesto.

Pregunta: Entonces, ¿por qué no lo hacen?

Respuesta corta: Principalmente, por codicia.

Como ya lo mencioné, estas compañías tienen márgenes difíciles de imaginar en sus productos o servicios. ¿Se sorprendería si le digo que el costo de fabricar un iPhone es alrededor de una tercera parte de su precio de venta? Seguramente no, pero de cualquier manera es un muy holgado margen si se le compara con el de otros productos electrónicos.

Evidentemente, ellos justifican (aunque en realidad no necesiten hacerlo) dicho margen por lo que requieren invertir en investigación y desarrollo, lo cual es comprensible.

En la práctica, Apple no manufactura ninguno de sus productos, sino que terceriza la fabricación de los componentes de sus dispositivos y su ensamblaje a incontables maquiladoras alrededor del mundo (en Mongolia, China, Corea y Taiwán, entre otros), generando así más de 700,000 empleos fuera de Estados Unidos.

Ellos insisten en que la razón por la cual operan de esta manera no es por beneficiarse de un costo de mano de obra más bajo sino porque los tiempos de respuesta y agilidad que obtienen de los fabricantes extranjeros es mucho mejor del que lograrían de potenciales proveedores dentro de Estados Unidos.

Yo creo que esto es cierto debido a que el impacto en el precio de venta de cualquier modelo de iPhone si se manufacturara en Estados Unidos sería de apenas un par de dólares; no obstante, es evidente que a lo largo de tantos años Apple no ha tenido ningún incentivo (interno o externo) para desarrollar capacidades igualmente confiables dentro de su propio país.

Así que, como lo he venido exponiendo, las decisiones tomadas por corporaciones como Apple, Whirlpool, Ford y GE, entre otras muchas, cambiaron la fisionomía de Estados Unidos, en donde tenemos un par de estados ultra ricos que no se han visto afectados por los millones de empleos perdidos, mientras que el resto del país lucha por sobrevivir por falta del tipo de oportunidades laborales que necesitan la gran mayoría de estadounidenses: puestos de manufactura razonablemente pagados (o mejor aún, bien remunerados).

La realidad de California o Nueva York es totalmente diferente a la del resto del país; dado lo cual no sorprende el hecho de que entre ambos estados acumulan 22% del PIB de Estados Unidos.

Antes mencioné un "cambio de enfoque a nivel nacional" que ocurrió en algún momento hace unos treinta y tantos años. Lo que quise decir con esto es que –no por consenso sino más bien por *de facto*– Estados Unidos cambió su enfoque de producir bienes y servicios que por su propia naturaleza permiten márgenes bajos (electrodomésticos, maquinaria, ropa, etc.) hacia aquellos que no sólo permiten márgenes más holgados sino que implican barreras de entrada en algunos casos casi insalvables (productos de alta tecnología y software). A pesar de que desde una perspectiva macroeconómica esto hace sentido, no ocurre lo mismo cuando se lo analiza desde el punto de vista microeconómico, siendo que si bien hubo ganadores por mucho fueron más los perdedores.

Dado lo anterior, es evidente que lo que el Presidente Trump está haciendo es exactamente lo que se requiere para reversar esta adversa situación:

1. Ya logró implementar una reforma fiscal que deja más dinero en las manos de los individuos y provee incuestionables incentivos para que las corporaciones traigan de vuelta más de sus recursos para crear empleos en casa, y

2. Está tomando una postura firme para renegociar los nocivos tratados comerciales vigentes, a la vez que pone en su lugar a aquellos países que durante décadas se han aprovechado de la buena fe de los americanos.

Los resultados ya están a la vista: Basta con observar los más recientes datos acerca de la economía, como el impresionante crecimiento de 4.1% en el PIB en el segundo trimestre de 2018, algo que no hace mucho los "expertos" consideraban imposible de alcanzar, y la tasa de desempleo que ha alcanzado niveles récord a la baja, entre otros muchos.

Muchas veces me he preguntado a qué se refería el hoy Presidente Trump cuando concibió su slogan de campaña: "Make America Great Again", que traduce algo así como "Hacer que America Vuelva a ser Estupenda de Nuevo". Me refiero a "estupenda de nuevo", ¿cómo "cuándo"?

Después de mucha reflexión al respecto, he llegado a la convicción de que cuando él dice "estupenda de nuevo" se refiere a aquel tiempo en que "Made in U.S.A." (Hecho en Estados Unidos) significaba tanto para tantas personas. Personas como mi abuelo y mi bisabuelo antes que él, para quienes tener la certeza de que lo que estaban adquiriendo fuera hecho en Estados Unidos era tan importante:

Un tiempo en el que los consumidores estábamos dispuestos a pagar una prima por un producto fabricado en Estados Unidos.

Un tiempo en el que la etiqueta "Made in U.S.A." era garantía de calidad.

Un tiempo en que las marcas icónicas norteamericanas, como Cadillac, eran el punto de referencia contra el cual se comparaba todo lo demás.

Un tiempo en el que nadie dudaba de que lo que estaba hecho en Estados Unidos estaba hecho con pasión y orgullo.

Paradójicamente, lo que es bueno para los estadounidenses es bueno para el resto de nosotros. ¡Absolutamente, el mundo se beneficia de un Estados Unidos fuerte y próspero!

Tristemente, es muy probable que en cualquiera de los dos países a los que considero míos (Guatemala y México), tarde o temprano ocurra un terremoto, un huracán o alguna otra devastadora catástrofe –como ya ha ocurrido en el pasado incluso reciente– y cuando esto suceda mi esperanza es que los ciudadanos americanos estén siendo bendecidos por una próspera economía, de manera tal que mi gente, aquellos que inevitablemente estarán padeciendo y sufriendo como consecuencia de la tragedia, tengan una mejor oportunidad de recibir la muy necesaria ayuda humanitaria de las manos generosas de nuestros hermanos y hermanas estadounidenses, tal y como siempre ha ocurrido.

Los autoproclamados expertos predicen que para 2030 China habrá rebasado a Estados Unidos para convertirse en la mayor potencia económica del mundo y que para 2050, India lo relegará a la tercera posición.

Mi anhelo es que los estadounidenses que aman a Dios hagan lo que están llamados a hacer, apoyando a su presidente para que él continúe llevando a cabo el extraordinario trabajo que ha realizado hasta hoy, para una vez más callarle la boca a los "expertos", logrando exactamente lo opuesto de lo que ellos tan pretensiosamente predijeron. ¡Que los Estados Unidos de América siga siendo la más grande nación del mundo por otros 20, 50 y 100 años más!

Y, esto lo digo desde la postura más egoísta posible, dado que estoy seguro de que ni chinos ni indios serán ni remotamente tan generosos con el resto del mundo como lo son los americanos de buen corazón.

¡Que Dios bendiga a Estados Unidos!

No hace mucho escuché por primera vez un término que de manera muy precisa describe lo que yo, sin saber que se trataba de algo deliberado, he venido observando y padeciendo desde hace mucho tiempo: "obsolescencia programada". Usted seguramente sabe de lo que estoy hablando:

¡Desde automóviles que requieren de costosas reparaciones tan sólo días después de que su garantía de fábrica expira, a electrodomésticos que duran muy pocos años y teléfonos celulares que se vuelven obsoletos a veces en cuestión de meses!

La obsolescencia programada u obsolescencia planificada es la determinación o programación del fin de la vida útil de un producto, de modo que, tras un período de tiempo calculado de antemano por el fabricante o por la empresa durante la fase de diseño del mismo, éste se torne obsoleto, no funcional, inútil o inservible por diversos procedimientos, por ejemplo por falta de repuestos, y haya que comprar otro nuevo que lo sustituya. Su función es generar más ingresos debido a compras más frecuentes para generar relaciones de adicción (en términos comerciales, «fidelización») que redundan en beneficios económicos continuos por periodos de tiempo más largos para empresas o fabricantes. El objetivo de la obsolescencia no es crear productos de calidad, sino exclusivamente el lucro económico, no teniéndose en cuenta las necesidades de los consumidores, ni las repercusiones medioambientales en la producción y mucho menos las consecuencias que se generan desde el punto de vista de la acumulación de residuos y la contaminación que conllevan. Esta práctica ha creado un creciente malestar entre los consumidores, por lo que en tiempos recientes, activistas, medios de comunicación, organizaciones e incluso los mismos consumidores y varias empresas están llevando acciones para revertir esta práctica.

La anterior es la definición que Wikipedia proporciona para tan monstruoso término. No sé usted, pero yo me sentí totalmente defraudado y engañado cuando realicé que los fabricantes hacían esto de manera intencional.

Por supuesto, desde el punto de vista económico y de conveniencia de los fabricantes hace todo el sentido del mundo, pero no para nosotros como consumidores y no sólo me refiero a que deliberadamente somos engañados y forzados a gastar más, sino que lo que más me incomoda es que a ellos no les importemos lo suficiente como para, al menos, ofrecernos una alternativa.

En adición a ello, la realidad es que el daño que nos infringen va mucho más allá del hecho de que en vez de reemplazar mi lavadora y secadora, digamos cada diez años, ahora me vea forzado a hacerlo cada cinco si bien me va.

Usted también lo ha vivido, nunca es un proceso libre de complicaciones:

Está usted en el trabajo, ocupado como de costumbre. De pronto recibe una llamada… más bien un mensaje de texto de su esposa: "La secadora se descompuso". Respira hondo y responde: "¿Qué le pasó?" (La cual, valga decirlo, no es una pregunta tonta dado que ésta es prácticamente nueva.) "No sé", ella contesta, "La pantalla está parpadeando y dice 'E40', se detuvo y no enciende". "¿Probaste apagarla y volverla a encender?" Usted cuestiona (y debo admitir que ésta sí que no es la más brillante pregunta que se le pudo ocurrir). "¡Por supuesto que lo hice y no una sino muchas veces!" Ella responde rápidamente y agrega (anticipando su próxima tonta pregunta): "Y ya revisé completito el manual y lo que dice es que llamé al centro de servicio." Usted inhala larga y pausadamente antes de hacer la inevitable pregunta "¿Y llamaste?" Ella: "¡Obvio que sí! Me dijeron que van a venir la próxima semana. Estoy furiosa. ¡No sé qué hacer, había lavado el edredón y las sábanas y ahora están empapados!"…

Como era de esperarse, los días y semanas pasan sin ninguna noticia del centro de servicio. En su desesperación, la esposa sistemáticamente los llama dos veces al día, lo que implica que cada vez tenga que pasar media hora escuchando mensajes pregrabados y presionando números en el teclado del teléfono antes de poder acceder a escuchar a un ser humano de acento un tanto peculiar y media hora más antes de que dicho individuo sea capaz de encontrar en el "sistema" la información relativa al caso; por supuesto, luego de que la esposa le proporcione por onceava vez los datos correspondientes. Todo esto ocurre, por supuesto, mientras ella con todo lujo de detalle lo mantiene a usted informado y al tanto de los eventos según se producen.

Finalmente, luego de varias largas y muy estresantes semanas alguien tiene la gentileza de presentarse…

"El técnico por fin vino", *textea* la esposa y antes de que logre usted preguntárselo, ella escribe: "Es la tarjeta madre. ¡Se quemó!" Esta vez necesita acomodarse en la silla y soltar el aliento que ha retenido por un eterno instante antes de arreglárselas para escribir, "¿Y?" "Me van a mandar una cotización." Ella predeciblemente responde. "¿Cuándo?" Le cuestiona, casi pudiendo adivinar la respuesta: "Primero necesitan chequear el inventario dado que como nuestra secadora no es de modelo reciente no están seguros de que aún tengan la pieza." "¿QUÉ?" *Grita-textea*. "¿No compramos ese aparato hace apenas un par de años?" "De hecho, fue hace tres." Ella pacientemente aclara… "Bueno, dos o tres, ¡es prácticamente nueva!" Responde usted desde su frustración. "Pues no lo es, según ellos." Ella concluye.

Luego de un par de semanas durante las cuales la esposa diligente y meticulosamente le dio seguimiento al asunto, llamando diariamente al centro de servicio, lo cual implicó que ella cada vez pasara media hora escuchando mensajes pregrabados y presionando números en el teclado del teléfono antes de poder acceder a escuchar a un ser humano de acento un tanto peculiar y media hora más antes de que dicho individuo fuera capaz de encontrar en el "sistema" la información relativa al caso, por supuesto, luego de que ella le proporcionara por 14ª, 15ª, 16ª… vez los datos pertinentes y, por supuesto, mismas semanas durante las cuales lo mantuvo a usted al tanto de cada detalle y pormenor, finalmente, ¡la tan anhelada cotización arriba a través de correo electrónico!

La buena noticia: Encontraron la pieza y la pueden tener en aproximadamente una semana. La mala: Le va a costar US$350…

"¿QUÉ? US$350!!!!! ¿Estás bromeando?" Pregunta retóricamente. "No." Responde ella tras una larga pausa durante la cual usted no puede evitar voltear a ver la pantalla del teléfono cada tres segundos para ver si ella está escribiendo o qué… "Más la instalación." Agrega, finalmente. "¿Lo cubre la garantía? Pregunta esperanzado. "No." … (Larga pausa.) "Expiró el mes pasado"…

"Y, ¿valdrá la pena repararla? ¿Quedará buena y nos va a durar si le invertimos ese montón de dinero? ¿Cuánto cuesta una nueva?" ¡Dispara en automático! "Ya pregunté, cuesta como US$800." Ella responde mientras usted aún escribe. "¿Y qué piensas?" Pregunta, como mera formalidad pues de antemano sabe cuál será la respuesta: "No creo, digo, repararla. Dice el técnico que dado que ya es bastante viejita es probable que algo más se le descomponga. Compremos la nueva pero esta vez con la garantía extendida como te dije que hubiéramos hecho con ésta." Sutilmente recrimina…

Pasan los días y de alguna manera su esposa y usted encuentran el tiempo para ir a comprar una nueva secadora de ropa. Luego de un buen rato tratando de hacer algún sentido de las millones de marcas y modelos alguien los aborda…

Para hacer la historia larga corta (o al menos no tan larga), resulta ser que el modelo que ustedes tienen ya está descontinuado pues fue reemplazado por uno nuevo que tiene la increíble funcionalidad de permitirle controlar el aparato a distancia desde un teléfono celular (sí, claro, es compatible con Android y IOS en caso de que tuviera usted la inquietud) y que cuesta US$850; pero, lamentablemente, éste no es el final de la historia (mejor se sienta): el nuevo modelo sólo viene en color "Negro Espejo", que es la última tendencia en línea blanca, mientras que el suyo es "Acero Inoxidable Satinado". "¿Y?" pregunta usted, haciendo gala de una ignorancia que ofende. "¿¿¿CÓMO??? O sea que se supone que yo tenga una secadora N-E-G-R-A cachete con cachete con una lavadora de A-C-E-R-O I-N-O-X-I-D-A-B-L-E!!!" Desenfunda ella en un tono que delata la más profunda indignación…

"¡No, no, claro que no!" Responde instantáneamente para salirse del embrollo o al menos, ingenuamente, así lo cree.

De camino a casa realiza que acaba de cargarle a su tarjeta de crédito ¡US$2,200! Oh sí, mi amigo: US$850 de la secadora más US$950 de la lavadora (no diga una palabra, recuerde lo crucial que es que ambas combinen), más US$400 de las garantías extendidas (US$200 cada una y ni se atreva a discutir). Pero a manera de consuelo resulta ser que hay una amiga de su esposa interesada en comprar su vieja lavadora y secadora, así que recuperará unos US$1,000, piensa lleno de vana ilusión, y bueno, la esposa está feliz y ya sabe: *Esposa feliz vida feliz. ¿No?...*

Lamentablemente, al final resulta ser que la amiga de su esposa luego de pensársela como un mes, decide que únicamente le interesa la lavadora ya que prefiere seguir tendiendo su ropa para que el sol se encargue de secarla; ah, y no por los US$400 que usted había imaginado sino que por US$300, pues resultó ser muy buena para el arte del regateo. Y, perdóneme por recordárselo, pero adicionalmente usted gastó US$400 en que le instalaran la tarjeta madre a su vieja secadora pues estaba convencido (y quizá con razón, asumo) de que nadie la querría comprar si no funcionaba, lo cual de cualquier manera casi resulta ser el caso sino es porque de alguna forma logró convencer a la amiga de su esposa de comprársela, ya sabe, por aquello de las lluvias. El único problema es que a pesar de que se las arregló para convencerla (¡es bueno!), no fue igualmente convincente a la hora de acordar el precio. Así que, y sé que duele y que no quiere que se lo recuerde pero debo hacerlo, dado que se la vendió en US$300 ni siquiera recuperó el costo de la tarjeta madre que le hizo instalar, lo que le significó una pérdida adicional de US$100 que es necesario sumarle al voucher que firmó en la tienda que, lamento recordarle, fue de US$2,200; es decir, US$2,300, eso sí, menos los US$300 de la lavadora que la amiga de su esposa le va a pagar a meses sin intereses a partir de la próxima quincena.

Así es que gracias a la "obsolescencia programada", usted, mi buen amigo: a) Se gastó US$2,000 en un par de artefactos que no mejoran su calidad de vida en lo absoluto, b) junto a su familia se la tuvieron que arreglar sin secadora por más de un mes (algo que le fue recordado de manera diaria) y, sobra decirlo, en el próximo estado de cuenta de su tarjeta de crédito (además de los US$2,200 de sus nuevas y flamantes lavadora y secadora) verá reflejados varios cargos por servicios de tintorería, y c) junto a su familia estuvieron sujetos a un nivel de estrés difícil de expresar (y esto no es a tono de broma), sólo para que los inescrupulosos y codiciosos fabricantes de lavadoras y secadoras pudieran obtener una aún mayor ganancia.

¿Suena justo? Por supuesto que no y eso que hice lo mejor que pude para lograr que la historia que inventé fuese un tanto entretenida, siendo que los muy parecidos casos que en la vida real ocurren a diario no son en lo absoluto graciosos.

Pero, a todo esto, ¿qué tiene que ver el tema de la obsolescencia programada con lo que he venido exponiendo a lo largo de este capítulo? Bueno, pues porque siendo que esta generalizada práctica industrial/comercial es deleznable y deplorable, proporciona una fantástica oportunidad para una estrategia nacional "Made in America" para la era Trump.

Por favor, permítame explicarle a qué me refiero:

Como ya he dicho, para lograr que América vuelva a ser estupenda de nuevo, es imprescindible reconstruir la industria estadounidense. Históricamente, las fábricas han sido el motor que ha impulsado la economía de Estados Unidos, proveyéndole a millones de familias el sustento que les permite sentarse juntos a la mesa para antes de cenar reverentemente inclinar sus cabezas para dar gracias.

Pero, reconstruir la industria americana no es mera cuestión de poner ladrillo sobre ladrillo y ensamblar la maquinaria necesaria; requiere que antes se conciba un plan que permita cerrar de una vez por todas las enormes brechas que las generaciones anteriores permitieron que se abrieran entre los productos fabricados en Estados Unidos y los hechos en cualquier otra parte.

Antes mencioné cómo los automóviles americanos hoy corren una vuelta detrás de los japoneses y coreanos, y cómo las marcas icónicas que antes fueran mundialmente reverenciadas hoy significan tan poco o, peor aún, han dejado de existir.

¿Recuerda las PCs de IBM? No tiene por qué hacerlo si tiene menos de 40 años, así que si es así no se torture, pero si en cambio está usted más cerca de mi edad, probablemente la primera computadora frente a la cual se sentó fue una PC 8086 de IBM. Tristemente, ya ha pasado un largo rato desde que IBM dejó de manufacturar computadoras personales; de hecho, ya hace mucho que le vendió su línea de computadoras personales en bancarrota a Lenovo Group Ltd, un próspero consorcio chino.

Así que, desde un punto de vista pragmático, ¿qué se requiere para que Estados Unidos recupere el indisputable liderazgo industrial del que disfrutó desde finales de la Segunda Guerra Mundial hasta inicios de los ochentas?

Para empezar, se necesita de emprendimiento, del tipo de emprendimiento que puso a Silicon Valley en el mapa, nada más que esta vez dirigido a generar oportunidades de trabajo para el resto de los americanos.

También, se necesitaría traer de vuelta el sentido de orgullo que los operarios americanos una vez sintieron por aquello que hacían para ganarse el sustento y por la empresa para la cual laboraban. La clase de orgullo que aún hoy llena el corazón de los recios trabajadores de las minas de carbón o de la industria siderúrgica y que con tanta dignidad transmiten de generación en generación, o del que sentían los miles de trabajadores de la industria automotriz en los sesentas y setentas mientras contemplaban perplejos emerger de las líneas de producción aquellos magníficos *muscle cars* en una época en que los japoneses se conformaban con producir carros desechables y los coreanos ni soñaban con que algún día lo harían.

Y, quizá, se requiera también de un nuevo "cambio de enfoque a nivel nacional", nada más que esta vez uno que sea intencional, deliberado y de arriba hacia abajo.

Hay países a los que se les define por lo que hacen; como Argentina, a la que alguna vez se le llamara "el granero del mundo", o Nueva Zelanda, que es mundialmente conocida por sus productos lácteos.

¿Qué tal si Estados Unidos fuera conocido globalmente no por lo que hace sino por cómo hace todo lo que hace?

Imagine por un momento un futuro muy cercano en el que los automóviles americanos disfrutaran del mismo tipo de reconocimiento con el que un iPhone cuenta hoy, o en el que los recién casados alrededor del mundo a ojos cerrados prefieran aparatos de línea blanca Maytag para sus hogares, dada su bien ganada reputación de durar para siempre.

(A propósito, alguien con los recursos para hacerlo, ¡por favor, recupere a Maytag de manos de Whirlpool y póngala de nuevo a fabricar esos duraderos y maravillosos aparatos de antaño!)

Todo con un objetivo en mente: proveer a los consumidores con dos claras alternativas cuando estén considerando adquirir cualquier cosa, sea una camisa o un bote de motor: Comprar algo de mala calidad y a un precio no necesariamente barato (tal como ocurre en la actualidad), u optar por algo de la más alta calidad, aunque ello les signifique pagar (gustosamente) una prima que permita compensar justamente a los orgullosos trabajadores estadounidenses.

En otras palabras, lo que propongo es remover el término "obsolescencia programada" del diccionario de inglés americano y por primera vez en muchos años anteponer el cliente a los resultados financieros trimestrales. Apuesto a que en el largo plazo el resultado será una próspera y "estupenda de nuevo" América, llena de oportunidades para su gente y reverenciada por el resto del mundo.

No soy experto en el tema, así es de que no sé qué exactamente se requeriría para lograrlo; quizá, cambiar las regulaciones vigentes o imponer ciertas nuevas que requieran que los fabricantes le digan de manera inequívoca a quienes adquieran sus productos cuánto están éstos diseñados para durar; y no hablo nada más de una mera referencia a la calidad de los materiales con los que está fabricado (lo cual obviamente tendrían que hacer), sino que además le informen, con base en sus planes de desarrollo de nuevos productos, cuándo éste (el producto que están adquiriendo) se "convertirá" en obsoleto.

Otra analogía: Por fin consiguió usted comprar el automóvil de sus sueños, de agencia y del año, pero la felicidad le dura menos, mucho menos de lo que imaginó: Un par de meses más tarde la marca introduce con bombo y platillo el "totalmente nuevo y rediseñado modelo", en el mismo año en que usted adquirió el suyo, que con menos de 1,000 kilómetros en el odómetro pasa de moda (y, consecuentemente, se deprecia considerablemente) de la noche a la mañana.

Si algo parecido le ha ocurrido, de verdad lo lamento.

¿Lo hacen los fabricantes de autos a propósito? ¡Por supuesto!

¿Se requiere que los fabricantes de automóviles introduzcan cambios radicales en el diseño visual de sus modelos con frecuencia para que tengan éxito vendiéndolos? No, no es necesario.

Tomemos a Porsche como ejemplo. Estoy seguro que ni usted ni yo seríamos capaces de distinguir el modelo de un año con respecto al de, digamos, un par de años atrás; eso, a menos que usted trabaje en una concesionaria de la marca alemana, o que sea el presidente honorario del Fan Club de Porsche en su ciudad y que sea capaz incluso de diferenciarlos por el sonido de su motor.

Mi punto es que todos nosotros, como consumidores, deberíamos tener la opción de escoger entre productos desechables y pobremente fabricados, y productos bien hechos y duraderos. Para hacerlo, en primera instancia requeriríamos de información veraz provista ya sea por el fabricante o por alguna fuente objetiva y sin ningún tipo de sesgo y, adicionalmente, que haya mayor disponibilidad de este tipo de productos (los bien hechos y duraderos), ya que me supongo que en la actualidad sí existen algunos pocos (los automóviles Rolls Royce tienen fama de estar muy bien fabricados y durar mucho más que el coche promedio y están respaldados por una garantía acorde), pero no están disponibles para nosotros los mortales.

No olvidemos que la idea que acabo de describir no es un disparate que se me ocurrió, sino que fue la manera en que los productos americanos fueron diseñados y fabricados durante décadas; funcionó muy bien para la economía estadounidense entonces y estoy seguro que lo haría ahora.

Así es que he aquí una oportunidad para hacer que América sea estupenda de nuevo, proveyéndole trabajos bien remunerados a millones de sus ciudadanos y un sentimiento de orgullo nacional.

¿Es ésta una meta alcanzable? Por supuesto que lo es bajo el liderazgo del Presidente Trump.

Ya para cerrar el tema, comparto una última reflexión: al igual que el Presidente Trump, yo estoy totalmente a favor de la desregulación y de quitar de en medio cualquier requisito legal que interfiera u obstaculice la inversión productiva; siendo así, preferiría que la industria americana con entusiasmo adoptara la idea de volver a lo que funciona, a que sea el gobierno el que tenga que imponer reglas que logren que los consumidores tengan un grado de certeza razonable con respecto a lo que están comprando, así es que una regulación gubernamental debiera de ser un último recurso.

Con relación a la pésima calidad de los materiales que uno encuentra en la mayoría de automóviles hoy día –particularmente aquellos de marcas americanas independientemente de dónde estén siendo manufacturados–: plásticos ordinarios y en extremo frágiles para todas las partes (no esenciales, asumo) que no hace mucho eran de metal, me pregunto qué tanto tiene esto que ver con el objetivo de mantener los costos al mínimo y asegurarse de que las partes en cuestión no duren ni un minuto más de lo que requieren durar (de acuerdo a la correspondiente estrategia de obsolescencia programada), y qué tanto es atribuible a que los fabricantes que en respuesta a los absurdos estándares antipolución y de eficiencia en el uso del combustible que impuso nada menos que Barack Obama (bajo la falsa premisa de que de esta manera se contribuía a combatir el calentamiento global) han recurrido a materiales más livianos para lograr que sus automóviles cumplan con dichos estándares. Gracias a Dios, mientras escribo, el Presidente Trump está tomando acciones específicas para frenar las nefastas políticas de Obama, con lo cual pronto sabremos cuáles son las verdaderas motivaciones de los fabricantes de autos.

ENTIENDA ESTO: NO SE TRATA DE QUE EL PRESIDENTE TRUMP LE "CAIGA BIEN"

Hay lugares e imágenes que causan en nosotros una impresión tan profunda que sin más se hacen de un lugar especial en nuestra memoria, de manera tal que somos capaces de evocarlos innumerables veces, aún transcurrido el tiempo; de igual manera, hay conversaciones que tienen el mismo efecto: por lo general se trata de palabras de una irreverente sabiduría que nos toman por sorpresa trayéndonos claridad acerca de un asunto acerca del cual reflexionábamos circularmente sin llegar a ningún lado, o en el que ni siquiera habíamos reparado hasta ese momento, pero que estaba ahí, latente, y que cuando las escuchamos nos incomoda no haber sido nosotros mismos quienes descifráramos lo que ahora vemos como una total obviedad.

Con toda seguridad no sería capaz de recordar la fecha exacta, pero seguramente debió de ser a principios de 2001. Me tocó ir por motivos de trabajo a Los Mochis, Sinaloa, una muy pequeña ciudad en el noreste de México, de esas que apenas cuenta con un par de semáforos que hasta resultan difíciles de justificar.

Llegué ahí temprano en la mañana y con la reservación para volverme a la Ciudad de México ese mismo día por la tarde en el único vuelo que hace el recorrido.

Luego de un par de reuniones, alguien tuvo la gentileza de llevarme al aeropuerto, dejándome ahí al menos un par de horas antes del la señalada en el itinerario para la partida de mi vuelo.

El aeropuerto de Los Mochis consta de un solo edificio que en realidad es más un hangar que lo que la mayoría entenderíamos por edificio, con un solo quiosco de periódicos y revistas, un pequeño puesto en el que venden café y un par de filas de sillas o asientos de los que son típicos de cualquier aeropuerto. Al entrar y enfrentarme con esta realidad no tardé mucho en darme cuenta de que estaba a la puerta de una eternidad de insufrible aburrimiento.

Recorrí aquel limitado espacio unas 200 veces y repasé con la mirada al menos 50 veces los escasos libros del anaquel del quiosco, sin que ni uno solo despertara en mí la curiosidad necesaria para tan siquiera tomarlo y darle una ojeada más cercana, hasta que el peso del maletín que colgaba de mi hombro se hizo insoportable, dejándome sin más opción que hacerme de uno de los lugares disponibles para sentarse.

De reojo vi a un individuo sentado a un par de asientos del que yo había elegido para mí y que, evidentemente, estaba atravesando la misma circunstancia que yo. Luego de un par de minutos, nuestras miradas se cruzaron por lo que intercambiamos un educado "hola" o un "qué hay", no recuerdo bien, que bastó para que yo reconociera su marcado acento argentino, pero de cualquier manera le pregunté si lo era más a manera de iniciar una conversación que para corroborar mi sospecha. Me presenté, haciéndole saber que yo era guatemalteco ahora viviendo en México desde hace unos pocos meses y le mencioné que había estado en su país el cual me parecía fabuloso y fue así como sin ninguna expectativa nos enganchamos en una trivial y típica conversación de sala de espera de aeropuerto o de avión pasillo de por medio.

Esto fue, por cierto, hasta el momento en que ingenuamente le pregunté: "¿Y cómo van ahora las cosas, ya mejorando con De la Rúa al frente?" Y él en vez de responder hizo un gesto que en mi esfuerzo por descifrarlo me incliné por interpretar como de desaprobación. Estaba intrigado, hasta ese momento estaba bajo la impresión de que De la Rúa, el recientemente electo presidente de Argentina era un hombre respetable y decente, así que no tuve más que repreguntar: "¿No está haciendo un buen trabajo? ¿Cómo, si se supone que es buena persona?" Pero de nuevo, en vez de dar una contestación directa a mi pregunta, mi interlocutor optó por devolverme una insospechada pregunta retórica que me tomó totalmente por sorpresa: "A ver", dijo, "vos y yo estamos por subirnos al mismo avión de regreso a la Ciudad de México, ¿cierto?" Yo asentí con la cabeza, dando por hecho que así sería, mientras él continuó diciendo, "Bueno, pues nuestro avión será conducido por un piloto, ¿cierto?" Asentí de nuevo con la cabeza. "Siendo así, ¿para vos es importante que el piloto sea "buena gente" o que sea "buen piloto"?"

¡Bam!

Apenas fui capaz de producir una sonrisa a medias y decir: "Creo que voy rápido al baño y vuelvo enseguida." Lo cual, evidentemente, nunca hice.

¡Justo allí, en la sala de abordaje del Aeropuerto Internacional de Los Mochis, un colega pasajero argentino, en un par de frases, me impartió una de las lecciones más profundas de política de toda mi vida!

Hacia finales de 1999, Fernando de la Rúa, asumió el cargo de Presidente de la República Argentina, la cual, luego del desastroso gobierno de Carlos Menem, estaba atravesando por una de las peores crisis económicas de su historia (que no han sido pocas).

Antes, De la Rúa, fue alcalde Buenos Aires de 1996 a 1999 y, antes, había sido diputado y senador.

La percepción de la mayoría, dentro y fuera de la Argentina, era que se trataba de un hombre decente y bien intencionado, por lo que grandes esperanzas recaían en él en medio de aquellos difíciles tiempos que soportaban o no los argentinos.

Para mala fortuna, tras sólo dos años y diez días en el cargo, el 21 de diciembre de 2001, De la Rúa renunció mientras el país entero se convulsionaba entre huelgas, manifestaciones y un total caos social.

Aún me preguntó quién era aquel individuo con el que tan brevemente conversé en el aeropuerto de Los Mochis.

Y todo esto me trae de vuelta al tema central de este libro: El Presidente Trump. Nunca me consideré fan o admirador de Donald Trump, el exitoso e inmensamente rico hombre de negocios; de hecho, no recuerdo haber visto ni siquiera un episodio de El Aprendiz, ni nunca sentí curiosidad por seguir su muy pública vida, ni, debo confesarlo, tampoco leí ninguno de sus libros.

No creo haberme preguntado alguna vez si aquel personaje me caí bien o no; esto, claro, hasta el momento en que anunció su intención de buscar la presidencia de los Estados Unidos de América. En ese momento sí que me lo pregunté. "OK, aquí está este increíblemente exitoso individuo, que tiene todo el dinero del mundo y la fama y reconocimiento con los que todos sueñan; ¿por qué habría de interesarle a alguien como él convertirse en presidente?

No obstante que nunca le dediqué demasiado tiempo a conocer quién era el señor Trump, sí tenía algo muy claro: Si él realmente iba a competir por la presidencia no estaba jugando, sino que de alguna manera estaba convencido de que tenía una excelente oportunidad de alcanzar su objetivo.

Siendo así, ¿cuál sería su "recompensa secreta"?

Como ya dije, era rico, una celebridad y por si esto fuera poco, tenía una familia maravillosa; entonces, ¿por qué habría de poner todo aquello en riesgo y ensuciarse las manos jugando a la política? Y, aunque ése fuera su deseo, ¿por qué no empezaba gateando antes de ponerse a correr? Digo, algo como buscar una silla en el Senado o compitiendo por la alcaldía de Nueva York o algo por el estilo.

Yo no estaba, por supuesto, tomando en consideración de quién se trataba: Nada más y nada menos que Donald Trump, alguien que nunca perdería el tiempo o dedicaría esfuerzo alguno a jugar en las ligas menores.

A partir de ese momento, me he dedicado a observar, analizar y estudiar muy de cerca a un personaje de ésos que se presentan a lo sumo una vez en cada generación, el ahora Presidente Trump. Y no siento pena alguna en reconocer que no pasa un solo día en el que, ya sea viéndolo en las noticias, leyendo sus comentarios o escuchando sus declaraciones acerca de cualquier tema, no pueda evitar sonreír y sacudir la cabeza de puro asombro.

Algo me ha quedado muy claro, el Sr. Trump entendió en algún momento que estaba respondiendo a un llamado de lo alto para asumir un rol que iba mucho más allá de lo que él hubiera podido lograr como empresario y que habría de pagar un muy alto precio a nivel personal al hacerlo.

Ese día, él entendió con absoluta certeza que iba a convertirse en el próximo presidente de los Estados Unidos de América, no por lo que él o sus asesores pudieran lograr, sino que porque ya había sido ungido como tal, de la misma manera como le ocurrió a

David, quien fuera ungido por Samuel muchos años antes de convertirse en rey de Israel.

Si lo vemos desde un punto de vista pragmático, no hay nada para el Sr. Trump por ser presidente de Estados Unidos; tiene 72 años y despachar desde la oficina oval le está pasando una muy cara factura: Está trabajando incontable horas cuando podría estar en su zona de confort dirigiendo sus negocios y jugando mucho más golf; podría estar haciendo aún más dinero en vez de ver cómo se erosiona su fortuna personal como resultado de que él y sus más cercanos colaboradores y confiables asesores dejaron sus cargos en sus negocios para trabajar en la Casa Blanca, como es el caso de su hija Ivanka y su yerno Jared, entre otros.

Se estima que el patrimonio del Sr. Trump en 2006 era de alrededor de US$4.5 millardos. De acuerdo a Forbes, para febrero de 2017 su fortuna había disminuido en un millardo de dólares, llegando a US$3.5 millardos, y para octubre del año pasado había caído US$600 millones adicionales.

De tal forma que, convertirse en presidente de Estados Unidos, le ha costado al Sr. Trump algo así como US$1.6 millardos del dinero que a lo largo de toda su vida ganó con tanto esfuerzo y dedicación; esto, más el impacto colateral que ha alcanzado a sus más cercanos familiares. Como ejemplo, su hija Ivanka, recientemente anunció que cerrará su negocio relacionado con la moda, mismo que en su momento fuera tremendamente exitoso.

¡No estamos hablando de nimiedades! El Sr. Trump y su familia han perdido una tercera parte de su patrimonio como resultado directo de la decisión que él tomó (y ellos valientemente apoyaron) de sacar a Estados Unidos del vergonzoso lugar en el que se encontraba luego de los ocho miserables años del gobierno de Obama.

Resulta irónico cuando uno lo ve desde esta perspectiva: Por un lado, tenemos al mejor presidente en la historia de Estados Unidos, trabajando dura y arduamente para devolver el esplendor que le corresponde a su país, viendo cómo su fortuna personal se desvanece; mientras que del otro lado, tenemos al que sin la menor sombra de duda ha sido el peor presidente que jamás haya ocupado la Casa Blanca, un vividor que no tiene noción alguna de lo que significa emprender un negocio y quien durante su gestión hizo todo lo que estuvo en sus manos para aniquilar los valores más fundamentales, la economía y el poder militar de Estados Unidos, viviendo una vida esplendorosa sin el más mínimo recato o remordimiento.

A propósito, no se debe de olvidar el hecho de que además del efecto adverso en su patrimonio personal, el Presidente Trump, tal como se comprometió durante su campaña, está donando íntegramente el salario que justamente le correspondería recibir como presidente.

Por supuesto que no es la merma en la fortuna del Presidente Trump lo que más me molesta, sino el hecho de que haya tantísimas personas que no obstante que se han beneficiado de su arduo y desinteresado servicio, se atreven a juzgarlo y criticarlo.

Como foráneo, siempre he tenido la impresión de que en Estados Unidos hay una especie de acuerdo no escrito que implica que sin importar quién sea el presidente, políticos, medios de comunicación y público en general siempre deben demostrarle un mínimo de respeto al inquilino de la Casa Blanca. Por supuesto, éste no ha sido en lo absoluto el caso para el Presidente Trump, quien, conjuntamente con toda su familia, ha sido víctima de los más viciosos y cobardes ataques.

No hay manera de poner en duda que las intenciones del Presidente Trump son desinteresadas y generosas, y que su único objetivo es servir a sus conciudadanos y a la patria a la que tanto ama: hacer lo que sea necesario para, en sus propias palabras, Hacer que América sea Estupenda de Nuevo.

Mi apreciado lector, lo insto a que repase la historia hasta donde sea capaz de recordarla y que se haga la siguiente pregunta: ¿Puede identificar a algún presidente de Estados Unidos que haya sido objeto de tanta oposición y odio como lo ha sido el Presidente Trump?

Cada palabra suya, ya sea hablada o escrita, es sujeta al escrutinio más riguroso, sobreanalizada y frecuentemente sacada de contexto; todas sus decisiones severamente juzgadas; cada individuo que él designa para ocupar un cargo, el que sea, es sujeto a una versión actualizada y aumentada de la inquisición española de Torquemada; ¡hasta lo que su esposa elige vestir para cualquier ocasión se convierte en tema de una diatriba interminable por parte de la prensa injuriosa y las "personalidades" de Hollywood!

Pero no sólo eso, el Presidente Trump también está siendo falsamente acusado y perseguido por un grupo de farisaicos que se han abrogado el derecho y las facultades para actuar por cuenta propia desde posiciones de poder en un infraestado desde el que, en contra de la ley y de la voluntad popular, actúan con total impunidad.

El presidente vive bajo la amenaza permanente de ser sujeto a un proceso en el Congreso que buscaría su destitución por parte de una partida de malos perdedores que no encuentran otra manera de encausar sus frustraciones y resentimiento, y, por si esto no fuera suficiente, está siendo demandado por una infeliz prostituta, tristemente manipulada y utilizada por un codicioso abogado de pacotilla, mientras algunos de sus más allegados lo traicionan y abandonan.

¡Gracias a Dios por el increíble temple del Presidente Trump! Es como si se alimentara y fortaleciera del resentimiento y odio que casi a cada minuto del día le arrojan.

Cuando vuelvo a ver y me doy cuenta de lo mucho que ha logrado pese a tener prácticamente todo en su contra, no puedo sino imaginarme lo que sería capaz de hacer si la prensa y sus adversarios políticos le dieran un respiro, dándole así la oportunidad de llevar a cabo el trabajo para el que fue libre y debidamente electo.

Recuerde, no se trata de que le "agrade" o que le "caiga bien". Como mi colega pasajero argentino tan sabiamente me enseñó hace diecisiete años, el asunto no es que a uno le guste quien está a cargo, sino es más bien cuestión de anteponer la razón a las emociones, de manera que depositemos nuestra confianza en el mejor capacitado para realizar la tarea.

Si usted votó por el Presidente Trump en 2016, ¡excelente! Los hechos prueban de manera inequívoca que él era la mejor opción. Si no lo hizo, al menos dele al hombre el beneficio de la duda y observe cómo opera su magia (pero, por favor, no lo haga viendo el universo paralelo que presenta CNN de manera tan inescrupulosa, sino hágalo siguiendo la narrativa imparcial de los eventos fácticos presentada por comentaristas serios y profesionales como los de Fox News) y le aseguro que se convencerá de votar por su reelección en 2020.

El Presidente Trump ha tenido logros extraordinarios aún a pesar de tener todo en su contra. ¿Qué tanto más haría si pudiera enfocarse 100% en dirigir al país en vez de tener que estarse defendiendo de tantas falsas acusaciones en su contra y teniendo que justificar hasta las más ridículas trivialidades?

Uno debe tomar en consideración que el Presidente Trump no partió de cero o con la mesa limpia; todo lo contrario, ha tenido que dedicarle un enorme esfuerzo y tiempo a deshacer todo el daño que Obama, ya sea por una combinación de inconcebible ineptitud y negligencia criminal, o lo que es más probable, deliberadamente, le infringió a Estados Unidos en todos los frentes: económico, político, militar, etc., etc.

De hecho, sólo hay dos posibles conclusiones a las que uno puede llegar con respecto a Obama: 1) Lo único que le importa en el mundo es él mismo y, siendo así, la presidencia fue para él una mera plataforma para su imagen, o, 2) es un individuo malintencionado, perverso, enfermo y un impostor de doble cara, llevando a cabo una agenda muy oscura para alcanzar un objetivo aún no del todo claro relacionado con sus verdaderas creencias ideológicas y religiosas.

Le hizo un daño a Estados Unidos difícil de cuantificar e hizo todo lo que estuvo en sus manos para comprometer la seguridad de Israel, mientras le otorgaba a los peores y más acérrimos enemigos de ambos (Estados Unidos e Israel) con el más amplio margen de maniobra. No debemos olvidar que permitió que ISIS estableciera un califato con acceso irrestricto a extraer y comercializar petróleo gozando de total libertad e impunidad; defendió en todos los frentes a Irán, convirtiéndose en su embajador *de facto* hasta asegurarse de que todas las sanciones en contra de dicho país fueran levantadas y que cualquier tipo de supervisión que pudiera entorpecer sus objetivos de desarrollar capacidades nucleares y establecerse militarmente en Siria justo en la frontera con Israel quedara debidamente neutralizada. Cada día que pasa aparece más evidencia que deja en claro el enorme esfuerzo llevado a cabo por Obama para favorecer al corrupto, sanguinario y anti-americano régimen de Teherán: Literalmente, les envió camionadas –o más precisamente, aviones enteros cargados– de millardos de dólares en efectivo, mientras hacía lobby para asegurarles acceso irrestricto al sistema bancario internacional y le otorgaba documentación de residencia a familiares cercanos de varios altos funcionarios iraníes. Todo, a partir de su inexplicable urgencia por lograr que ellos firmaran un acuerdo de limitadísimo alcance –más bien lírico– que con toda seguridad sabía que no lograría absolutamente nada.

Así que, la única pregunta pendiente de responder es si su propósito al trabajar tan diligente y frenéticamente en la consecución del tan patético acuerdo fue para asegurarse el premio Nobel que previsiblemente recibió más tarde, o si lo hizo con el artero propósito de alterar el balance de poder en el Medio Oriente a favor de Irán mientras ponía en riesgo la mera existencia del aliado más confiable e incondicional de Estados Unidos en la región, si no es que en el mundo entero: Israel.

Yo tengo perfectamente claro que Dios es, por sobre todo, justo y que, no obstante, muchas veces Él permite que ocurran ciertas cosas, tarde o temprano, oportunamente emite Su juicio.

También resulta ser que, además, Es bueno.

Mientras seguía las noticias en las primeras horas del 7 de noviembre de 2016, cuando la victoria del Sr. Trump ya era evidente, con los ojos llenos de lágrimas, caí de rodillas y alce la mirada al cielo para agradecerle a Dios por una vez más permitirme ser testigo de Su misericordia y la inefabilidad de que Él siempre ha estado, está y estará en control de todo lo que ocurre bajo el sol.

Luego de regocijarme durante un buen rato, de nuevo alce la mirada y con toda humildad le pedí que me concediera algo muy especial: "Por favor, Señor, antes de que me llames a Tu divina presencia, permíteme el gozo de atestiguar el juicio y condena de

Barack Obama por sus incontables actos de alta traición cometidos en contra de los Estados Unidos de América y, si no es mucho pedir, por favor oh Rey, concédeme que Hillary Clinton corra la misma suerte, por favor. Amén.

Mía es la venganza y la retribución; a su tiempo su pie resbalará, porque el día de su aflicción está cercano, y lo que les está preparado se apresura. (Deuteronomio 32:35, RVR)

"¿Por qué no?" Me pregunté. Le pedí que pusiera al Sr. Trump en la Casa Blanca y Su respuesta fue, "Concedido."

Todo estadounidense temeroso de Dios tiene delante de sí dos deberes que cumplir:

1. Defender a su presidente, Donald Trump, mientras que ora sin cesar por él, y
2. Votar por su reelección en 2020

De hecho, hay un deber más inmediato que los patriotas americanos deben atender y cumplir que detallaré en el siguiente capítulo.

UNA CORTE SUPREMA CONSERVADORA: UN ASUNTO DE VIDA O MUERTE

Las elecciones de mitad de período que se llevarán a cabo en poco más de tres meses (al momento en que escribo estas líneas), el 6 de noviembre de 2018, tendrán un enorme significado para la causa de la justicia en Estados Unidos. En ellas, los 435 escaños de la Cámara de Representantes y 35 de los 100 correspondientes al Senado estarán en juego.

Típicamente, las elecciones de mitad de período tienen como resultado que el partido de oposición incremente su participación en ambas cámaras; si este fuere el caso, las consecuencias serían no menos que catastróficas para Estados Unidos, mucho más de lo que la mayoría de personas alcanza a dimensionar.

Permítame explicar lo que quiero decir: El Presidente Trump ha tenido en menos de dos años desde el inicio del que será el primero de sus dos términos, la oportunidad única de nominar a dos magistrados para la Corte Suprema, uno que ya fue confirmado y se encuentra ya ocupando el cargo, y uno más, pendiente de ser ratificado por el Senado al momento en que escribo estas líneas.

Tal como lo establece la legislación americana, depende del Senado confirmar o rechazar a los nominados por el presidente para ocupar determinados cargos, tal como ocurre en el caso de los magistrados de la Corte Suprema, el máximo órgano jurisdiccional de Estados Unidos, quienes una vez instalados ocupan dicha magistratura de manera vitalicia. Dado el momento en que nos encontramos, es bastante probable que sea el actual Senado quien vote por la confirmación del Juez Brett Kavanaugh para ocupar la vacante dejada por el Magistrado Anthony M. Kennedy, quien se acaba de retirar, pero aún cabe la posibilidad de que esta votación se lleve a cabo después de las elecciones de mitad de período.

Para su confirmación se requiere de mayoría simple: 51 votos. Si la votación se llevara a cabo en este momento, es casi un hecho que el nominado por el Presidente Trump obtendría los votos necesarios para su confirmación, por lo que previsiblemente los demócratas harán todo, todo, lo que esté a su alcance para prolongar el proceso con la esperanza de que como resultado de las próximas elecciones logren hacerse de la mayoría en el Senado, anulando así cualquier posibilidad de que el Juez Kavanaugh sea confirmado.

La confirmación y nombramiento del Juez Kavanaugh es en este momento la única manera de asegurar una mayoría conservadora en la Corte Suprema de Estados Unidos durante los próximos 20 años o más.

Ésta será, por lo tanto, la más importante decisión que les tocará hacer a los actuales, o en su caso a los próximos, miembros del Senado. Siendo así, los ciudadanos conservadores, sean afines al Partido Republicano, al Demócrata, o apartidistas, tienen la obligación moral de asegurarse de que a quien elijan para ocupar una curul en el Senado en las próximas elecciones vote por la confirmación del Juez Kavanaugh.

Con base en las sabias enseñanzas de mi *sensei* argentino, el voto que ejercerán en el próximo otoño no puede basarse en elegir a un candidato que les resulte "agradable", sino que debe de ser una decisión absolutamente racional basada en quién les genera la mayor confianza de que una vez electo actuará responsablemente con respecto a este crucial tema.

Es también bastante probable que en lo que resta de su actual mandato o durante su segundo término, asumiendo con total certeza que será reelecto, el Presidente Trump estará en posición de nominar a una tercera persona para ocupar una magistratura de la Corte Suprema, seguramente en reemplazo de la liberal Ruth Bader Gingsburg.

Dado el probado compromiso del Presidente Trump de seleccionar candidatos claramente conservadores para ocupar las vacantes que se hayan de producir y asumiendo que como resultado de las próximas elecciones el Partido Republicano logre una mayoría más holgada en el Senado que confirme a dicho nominado, Estados Unidos está a la puerta de tener una Corte Suprema con una igual cómoda mayoría de línea conservadora.

¡Esto, mi apreciado lector, es una oportunidad histórica única y quizá irrepetible de revertir Wade vs. Roe!

Y este punto en particular es de una relevancia que trasciende lo obvio y, ciertamente, no es una cuestión de poner en la balanza el derecho a la vida del nonato en contraposición con el derecho de la mujer a decidir con respecto a su propio cuerpo.

¿Se puede poner en duda el hecho de que si Estados Unidos ha sido tan inmensamente bendecido desde sus inicios como país independiente, esto no ha sido así por una mera cuestión de suerte?

Dios ha extendido Su mano misericordiosa hacia esta gran nación porque a diferencia del resto de países del mundo, Estados Unidos, desde su concepción reconoció el lugar preeminente como centro de todo que a Él le corresponde y depositó su confianza en Su palabra escrita como la fuente de luz y sabiduría que guiaría su caminar.

Los padres fundadores de la más grande nación en toda la Tierra conocían y temían al Todopoderoso, tenían una relación personal y cercana con Él y no tenían la más mínima duda de que la Biblia era Su palabra infalible y la única fuente de la verdad eterna de que dispone la humanidad.

Indudablemente, fue su humilde conocimiento del Dios Verdadero y su claro entendimiento de Sus expectativas para Su suprema creación –el ser humano– lo que les permitió ensamblar una forma de gobierno como nunca antes había existido y redactar los dos documentos que, fuera de todo cuestionamiento, son las piezas de legislación más cercanas a la perfección hechas por el hombre: la Declaración de Independencia y la Constitución de los Estados Unidos de América.

Hoy, más que nunca, es imperativo reconocer el hecho de que la prosperidad y las incontables victorias que Estados Unidos ha podido alcanzar en innumerables frentes a través de su historia han sido el resultado de que el Señor ha estado de su lado.

Dios eligió a Estados Unidos para erradicar toda forma de esclavitud en el mundo entero; Él utilizó el compasivo corazón de los americanos, su indomable espíritu, inquebrantable resolución, infatigable emprendimiento, bravura sin rival en el campo de batalla y desinteresada convicción por hacer el sacrificio último en defensa de su patria y de la causa de la libertad, para rescatar al mundo de la más perversa amenaza que le ha tocado enfrentar: el nazismo.

A través de los últimos tres siglos, Él le ha confiado a Estados Unidos la mayordomía del mundo, para proveer para los menos afortunados y, por último pero no por ello menos importante, para llevar a cabo la gran comisión.

Y mientras Estados Unidos se mantuvo fiel a su pacto, el Señor le derramó Su sobreabundante provisión y sus ciudadanos gozaron de Su protección; pero, infortunadamente, en el transcurso de los últimos 50 años, un sentimiento de arrogancia y vanagloria se apoderó de este país y lo fue alejando cada vez más de Dios: se prohibieron las biblias en las escuelas bajo un argumento de inclusividad, la pseudociencia le arrebató su lugar a la verdad revelada de manera divina, el humanismo desplazó al cristianismo, y las leyes dejaron de ser reflejo de los mandamientos dados por Dios para dar cabida a la carnalidad.

No hay la menor duda de que Estados Unidos hoy se encuentra dividido, fracturado y polarizado, mientras dos cosmovisiones colisionan; de un lado, una, reflejando la más pura esencia conservadora de los fundadores de la nación, y, del otro, una cultura sincrética, "moderna", "de mente abierta", aberrante, complaciente, mezquina, y que es beligerante e intolerante.

Mientras que aquellos que permanecen fieles a los ideales de los padres fundadores guardan silencio por miedo a ser etiquetados como anticuados, dogmáticos, e –irónicamente– racistas e intolerantes, una revuelta liderada por una élite que integran académicos y políticos radicales, acuerpados por los medios de comunicación, introducen e imponen ideales liberales, marcadamente de izquierda que flagrantemente contravienen la mismísima esencia de los valores americanos.

Tomaron el control de los campus universitarios, los medios de comunicación y la industria del entretenimiento y, sin vergüenza alguna, los utilizan como plataformas para seducir y adoctrinar.

Ya antes señalé como hoy, tan irónicamente, los conservadores son marginados, humillados, estigmatizados y contenciosamente silenciados por aquellos que se autoproclaman abanderados de la tolerancia y la inclusividad.

Los liberales expedita y astutamente se apropian de causas como el feminismo, la diversidad y el secularismo, no por convicción sino como meros medios para alcanzar su perverso objetivo de corromper a la sociedad americana. Controlan los estados más poblados y ricos de la unión americana, California y Nueva York, y han sido devastadoramente efectivos en politizar el sistema judicial; todo esto, mientras los conservadores han permanecido pasivos y estupefactos.

Y es así como la sociedad estadounidense en tan sólo unas pocas décadas pasó de ser ejemplar a ser ridiculizada por el resto del mundo, de trabajar arduamente a complaciente, de tener los pies bien plantados en la tierra a frívola, de compasiva a egoísta, de responsable a negligente, de moral a licenciosa, de frugal a despilfarradora…

¡Como dije antes, América se apartó de Dios para darlo todo por sentado!

Si hay algo que no se puede negar es el hecho de que si bien Dios amo entrañablemente a Estados Unidos y lo bendijo abundantemente mientras éste mantuvo su mirada puesta en Él, regocijándose con humildad y gratitud en Su gracia divina; hoy, Él aborrece a la sociedad pagana prevalente indigna de ser llamada americana.

Dios es, sin duda, misericordioso, paciente y permanece fiel, pero si los americanos no se arrepienten y claman a Él, tarde o temprano los va a abandonar:

Pues habiendo conocido a Dios, no le glorificaron como a Dios, ni le dieron gracias, sino que se envanecieron en sus razonamientos, y su necio corazón fue entenebrecido. Profesando ser sabios, se hicieron necios, y cambiaron la gloria del Dios incorruptible en semejanza de imagen de hombre corruptible, de aves, de cuadrúpedos y de reptiles.

Por lo cual también Dios los entregó a la inmundicia, en las concupiscencias de sus corazones, de modo que deshonraron entre sí sus propios cuerpos, ya que cambiaron la verdad de Dios por la mentira, honrando y dando culto a las criaturas antes que al Creador, el cual es bendito por los siglos. Amén. (Romanos 1:21-25, RVR 1960)

El que tenga oídos para oír, oiga. (Mateo 11:15, RVR 1960)

Me disculpo por este desvío tangencial, pero mi sincero anhelo es haber sido capaz de remarcar un muy necesario punto antes de volver al tema central de este capítulo: la crucial necesidad de sentar las bases para que muy pronto, espero, se pueda revertir Wade vs. Roe.

Usted podría preguntarse por qué insisto tanto en la imperativa necesidad de revertir un fallo de la Corte Suprema que data de 1973, y otras decisiones relacionadas que ésta emitió como resultado de otro caso, Planned Parenthood vs. Casey, de 1992, con relación al aborto.

Una vez más, permítame volver a las Escrituras antes de continuar mi argumentación:

Ved ahora que yo, yo soy, y no hay dioses conmigo; yo hago morir, y yo hago vivir; yo hiero, y yo sano; y no hay quien pueda librar de mi mano. (Deuteronomio 32:39, RVR 1960)

El que derramare sangre de hombre, por el hombre su sangre será derramada; porque a imagen de Dios es hecho el hombre. (Génesis 9:6, RVR 1960)

Las Escrituras de manera inequívoca establecen que el hombre (la humanidad) es la suprema creación de Dios, hecho por Él en Su propia imagen y, como tal, no hay nada en este mundo tan sagrado y que Él ame tanto.

Es un hecho que Dios no toma el homicidio con indiferencia, particularmente el cometido en contra de un ser humano indefenso. Siendo así, con absoluta seguridad puedo afirmar que Él detesta el aborto, independientemente de las circunstancias en las que se produzca.

Desde Wade vs. Roe, se han llevado a cabo 60,069,971 abortos al amparo de la ley en Estados Unidos, el país que Dios ama –o amaba, quizá– tan entrañablemente.

Usted no podría imaginarse lo duro y triste que me resultó escribir el número anterior. Sinceramente, no tengo certeza de que los datos que pude obtener sean del todo confiables, pero el hecho es que aunque le añadamos o le quitemos a esta cifra unos cuantos (hasta unos cuantos cientos de miles, si le parece), el hecho es que a lo largo de toda la historia de Estados Unidos, el número de bajas (muertes) de sus soldados que han fallecido en todos los conflictos militares en los que ha participado (incluyendo la guerra civil), suman 1,498,240.

Para mí, estos números simplemente no hacen sentido; ¡por un lado tenemos a la totalidad de héroes que, de manera voluntaria y en la mayor parte de los casos por una causa justa, ofrecieron sus vidas por sus seres queridos y por su patria, mientras que del otro lado tenemos a un número cuarenta veces mayor de bebés inocentes y que sin ningún propósito fueron cobardemente asesinados!

Es indudable que Dios tiene varios reclamos en contra de Estados Unidos –y en contra del resto del mundo– pero ningún otro está más cercano a Su corazón que su postura con respecto al aborto.

Y él le dijo: ¿Qué has hecho? La voz de la sangre de tu hermano clama a mí desde la tierra. Ahora, pues, maldito seas tú de la tierra, que abrió su boca para recibir de tu mano la sangre de tu hermano. Cuando labres la tierra, no te volverá a dar su fuerza; errante y extranjero serás en la tierra. (Génesis 4:10-12, RVR 1960)

¿Qué puedo decir? ¡Es demasiada sangre la que se ha derramado, sangre inocente, valga decirlo! Algo totalmente grotesco y perturbador, pero lo peor de todo es que este baño de sangre ha ocurrido y sigue ocurriendo no sólo de manera legal –a plena luz del día y de frente a la permisividad de las autoridades– sino que, en algunos casos, es financiado con recursos públicos, lo que significa que el gobierno de Estados Unidos no sólo está consintiendo la carnicería sino que está pagando las facturas de los carniceros con el dinero de sus contribuyentes.

No me cabe la menor duda que la mera existencia de los Estados Unidos de América depende en una buena medida de que las personas sobre quienes recae la responsabilidad, los unos por su investidura (magistrados, senadores y miembros de la cámara de representantes, y oficiales federales hasta llegar al mismísimo presidente), y los otros, por el inexcusable deber cívico que tienen de ejercer su voto de manera responsable, hagan lo que Dios les está demandando hacer.

Las elecciones de mitad de período que se llevarán a cabo en el otoño próximo implican más que cualquier otra elección en la historia reciente; si usted, mi amable lector, es ciudadano de los Estados Unidos de América, yo le imploro: no tome su deber cívico a la ligera.

Quizá usted no tenga una postura bien meditada con respecto al aborto, o la tiene y está convencido de que el derecho de la mujer a decidir con respecto a su propio cuerpo está por encima del derecho del nonato; o, tal vez, tiene la creencia de que la vida –la vida humana, quiero decir– comienza en algún punto durante la gestación posterior al de la propia concepción, o a partir del parto; o que los estados individuales que integran la Federación no tienen el derecho de opinar al respecto dado que la decisión recae por completo en la mujer embarazada… Cualquiera que sea su postura, le ruego, permítame compartirle la mía.

La Declaración de Independencia de Estados Unidos dice:

Sostenemos como evidentes estas verdades: que los hombres son creados iguales; que son dotados por su Creador de ciertos derechos inalienables; que entre éstos están la vida, la libertad y la búsqueda de la felicidad.

Es increíble cómo los padres fundadores con unas pocas palabras fueron capaces de sumarizar (valga el anglicismo) tantas incuestionables y atemporales verdades:

1. Que las "verdades" enlistadas son "por sí mismas evidentes", lo que significa que no requieren de ser explicadas o justificadas, se sustentan en ellas mismas y son irrefutables

2. Que no son "concesiones" que se otorgan entre sí los seres humanos o son permitidas por el gobierno, sino inherentes a la naturaleza humana por voluntad y diseño de Dios; por lo tanto, inalienables

3. Al enfocarse en una corta lista de únicamente tres precedida de la indicación "entre las cuales", los autores en vez de proporcionar una extensa lista, por un lado le otorgan preeminencia a aquellas en las que se enfocan y, por otro, permiten el espacio para que otros derechos puedan ser reconocidos

Luego encontramos, en mi opinión, que los autores de la Constitución de la Unión Americana, sabiamente, en vez de reiterar en los derechos reconocidos por la Declaración de Independencia, se enfocan en una dimensión específica de éstos (por ejemplo, libertad religiosa o de expresión), o abordan otros; de nuevo, evitando caer en la trampa de proporcionar una lista interminables de derechos específicos y casuísticos –tal como ocurre con la mayoría de constituciones de los países latinoamericanos–, en vez de lo cual puntualizan unos pocos, mientras reiteran enfáticamente que los derechos de los ciudadanos estadounidenses no se limitan a aquellos expresamente especificados.

Un análisis atento de los tres derechos reconocidos por la Declaración de Independencia lleva a la necesaria conclusión de que, no obstante que los tres son iguales en importancia, tienen un orden natural: para uno ejercer el derecho a "buscar la felicidad" es necesario que lo haga libremente –recurriendo a su derecho a la libertad– para lo cual uno debe de estar "vivo" o, en otras palabras, no debe de ser "privado de su vida" (como lo indica la Constitución).

Y con esto voy a que los seres humanos, en cualquier época o lugar, no obstante que tenemos derechos que nos son conferidos por Dios, éstos (derechos individuales) están de alguna manera delimitados o acotados cuando nos organizamos para vivir en sociedad, dado que, inevitablemente, en tal circunstancia los derechos de un individuo estarán delimitados por los derechos igualmente inalienables de los demás.

Siendo así, el derecho de uno a ejercer su libertad viene a circunscribirse al punto en el que el ejercicio del tal derecho no interfiera con el derecho de otro a hacer lo propio. En el mismo tenor, mi derecho a la vida requiere que yo respete el derecho de los otros a que su propia vida sea respetada, y el derecho que tengo a buscar mi propia felicidad en buena medida depende de qué entienda por "felicidad", digo, entre otras cosas que mi concepto de ella no implique afectar a alguien más en su persona o en sus bienes materiales.

Independientemente de su opinión acerca del aborto –o la mía– al final de cuentas debemos remitirnos a lo que el Creador de la Vida tiene que decir al respecto, siendo que Su voluntad es, ultimadamente, lo único que importa.

Como dije antes, Dios odia el aborto y lo considera el más detestable crimen que puede cometerse en contra de lo más sagrado que hay en este mundo, esto es, la vida humana. A través de Su palabra Él nos enseña que Él y sólo Él es el único que tiene el derecho de decidir con respecto a la vida de un ser humano. El hecho de que, soberanamente, delegue en un individuo o en la sociedad el derecho de quitarle la vida a una persona en casos extremos y bajo circunstancias muy puntuales (por ejemplo, en caso de legítima defensa o cuando la pena de muerte es aplicada luego de seguir el debido proceso), no significa que nosotros como humanos tengamos el derecho de decidir sobre la vida de otros a nuestro antojo.

Por diseño divino, a las mujeres se les ha confiado la responsabilidad de llevar en su vientre la vida humana desde el momento de la concepción hasta que el feto se desarrolla al punto en que es capaz de, bajo la mirada protectora y el cuidado extensivo de sus progenitores, sobrevivir en el mundo exterior.

¿Por qué Él impuso esta carga (en realidad es una bendición) sobre las mujeres? No tengo una respuesta para esta pregunta, pero el hecho es que así lo decidió y como con tantos otros temas no hace demasiado sentido argumentar con el Autor de la Vida.

Así que, con base en lo que establecieron los padres fundadores, por un lado, tenemos a un ser humano (discutir cuándo uno se convierte en "uno" es mera necedad) con un inalienable derecho a la vida y, por otro, tenemos a una mujer adulta –en la mayoría de casos– con un inalienable derecho a ejercer su libertad (tenga en mente lo que ya antes expliqué acerca de que los derechos individuales si bien son inalienables no son ilimitados en su ejercicio).

En virtud de esto, nos enfrentamos a una aparente paradoja que ha dividido el mapa ético en dos: aquellos que se definen como "pro-vida" y los que proclaman ser "pro-elección".

Y, deliberadamente dije "aparente paradoja" dado que, basándose en la más elemental lógica o, mejor aún, recurriendo a la palabra revelada por Dios, no existe la tal paradoja: La vida como derecho humano inalienable tiene preeminencia sobre cualquier otro derecho humano, punto.

El aspecto más perturbador de Roe vs. Wade y de todos los subsecuentes fallos que abrieron la puerta a la legalización del aborto en Estados Unidos es que en vez de contraponer los argumentos que favorecen el derecho a la vida del nonato versus el derecho de la mujer a decidir libremente con respecto a su propio cuerpo, se centran, de manera burda e indefendible, en el tema de la "privacidad", haciendo "encajar" el acceso al aborto dentro del concepto de "privacidad", por ser éste un derecho constitucionalmente protegido.

Como lo expresó el Magistrado William Rehnquist disintiendo de la opinión mayoritaria de la corte:

No encuentro nada en el lenguaje o la historia de la Constitución para respaldar el juicio de la Corte. La Corte simplemente confeccionó y anunció un nuevo derecho constitucional para las mujeres embarazadas y, sin prácticamente razón alguna o autoridad para hacerlo, le otorgó a dicho derecho tal peso y sustancia que éste viene a derogar prácticamente todos los estatutos estatales relacionados con el aborto. El resultado directo es que la gente y las legislaturas de los 50 estados fueron por este acto privados de la potestad de contrapesar, por un lado, la importancia relativa de la continuidad de la existencia y el desarrollo del feto, y por otro, un amplio espectro de posibles impactos en la mujer. Como un ejercicio de crudo poder judicial, quizá la Corte tenga la autoridad de hacer lo que hizo el día de hoy; pero, desde mi perspectiva, su fallo es un improcedente y extravagante ejercicio del poder judicial revisionista que la Constitución le otorga a esta Corte.

En virtud de la ambigüedad del "razonamiento" de Roe vs. Wade es extremadamente complejo presentar argumentos legales y constitucionales en contra del mismo, siendo que, claramente, la corte abandonó su deber de interpretar la Constitución para asumir un rol legislativo, creando así nuevos derechos.

La verdad subyacente detrás de la postura "pro-elección" es la convicción de que el derecho de la mujer a decidir con respecto a su propio cuerpo es tan absoluto e ilimitado que le permite asesinar al ser humano que está gestando por una diversidad de motivos, algunos más cuestionables que otros, pero al final del día, ninguno defendible.

La verdad es que, ultimadamente, la decisión de una mujer que aborta, independientemente de las circunstancias, es un asunto de conveniencia. Revisemos cuidadosamente los siguientes ejemplos de situaciones que podrían llevar a una mujer a la decisión de ponerle fin a un embarazo:

- Una adolescente irresponsable que sostiene una relación sexual, a pesar de que con toda seguridad conoce los riesgos que ésta implica, siendo uno de ellos la posibilidad de resultar embarazada

- Una mujer de cualquier edad que se entera, a través de estudios llevados a cabo durante el embarazo, que el feto en su vientre presenta una malformación o un desorden de carácter genético (por ejemplo, síndrome de Down, espina bífida, etc.)

- La víctima de una violación o de incesto, devastada y sintiéndose incapaz de enfrentar las muy reales y traumáticas consecuencias psicológicas de tan cobarde y deplorable acto

No hay manera alguna de justificar que una mujer recurra a un aborto como método contraconceptivo. Estoy hablando de una que copula, ya sea asumiendo un riesgo calculado, o haciéndolo de manera irresponsable y, en cualquier caso, teniendo como resultado un embarazo no deseado en un momento o en circunstancias que no le resultan convenientes.

Es particularmente triste y deleznable que el aborto sea consecuencia de un uso tan irresponsable de la libertad de elección.

Cuando una mujer se entera de que su bebé por nacer presenta algún tipo de malformación o desorden genético en vez de ser uno "hermoso" y "saludable", y, consecuentemente, decide abortarlo, es quiérase o no un asunto de conveniencia.

No puedo más que imaginarme lo difícil que debe resultar enfrentarse a todo lo que conlleva la llegada de un neonato con una condición que viene a hacer trizas todas las expectativas que todos tenemos con respecto a convertirnos en padres: Incontables noches sin dormir, demasiadas preguntas a las que desde una perspectiva humana resulta imposible responder, un permanente y constante sufrimiento, y, seguramente, una carga financiera inmanejable, son algunos de los muchos desafíos que súbita e inesperadamente vienen para quedarse, en algunos casos por unos pocos meses y, en otros, por muchos años.

Yo, al igual que asumo que la mayoría, he sido testigo de alguna situación del tipo que recién describí. No sé si es su caso, pero en mi experiencia, las familias a las que les ha tocado vivir situaciones así han sido inmensamente bendecidas y lejos de estar resentidas, están llenas de gratitud.

Seguramente, sería la pregunta más insensible que podría hacérsele a alguien que está pasando o pasó por algo así, pero estoy seguro que si lo hiciéramos y le planteáramos el caso hipotético en el que si se hubiera enterado de antemano y hubiese tenido la oportunidad de abortar a aquella criatura, si lo hubiera hecho, apuesto a que la respuesta sería "Por supuesto que no".

No soy quién para juzgar a aquellos que se acobardan, pero el otro lado de la moneda son las muchas maravillosas historias de personas compasivas y valientes, como el oficial de la policía de Albuquerque, Ryan Holets y su esposa, Rebecca, quienes con tanta generosidad adoptaron a la hija de una heroinómana a quien él conoció por casualidad.

Ni el hecho de que ya tuvieran cuatro hijos propios, incluyendo una bebé de apenas diez meses, ni los incontables riesgos que presentan los recién nacidos de madres adictas, entre los cuales se encuentran bajo peso, cabeza más pequeña de lo normal y una lista interminable de disfunciones cognitivas como: limitada capacidad espacial, falta de memoria, hiperactividad y bajo coeficiente intelectual, fueron capaces de disuadirlos de darle la bienvenida a su familia a Hope, como se llama la bendecida niña.

¡Que Dios bendiga a los Holets!

Por último, la situación que sin duda es la más difícil de abordar: la de una mujer o niña que es violada o es víctima de abuso sexual por parte de un familiar cercano (incesto) y, como resultado, queda embarazada.

Siento enorme compasión y solidaridad por aquellas que, infortunadamente, con demasiada frecuencia, son víctimas de algo tan horrendo. Por más que lo intentara, no sería capaz de sentir lo que ellas sienten: impotencia, enojo, un miedo que petrifica, frustración e indefensión, y una larga lista de etcéteras.

Es evidente que lo último que la víctima de un acto tan cobarde quiere es sentir al hijo del animal que le causó tanto daño crecer en su vientre, para, eventualmente, verlo nacer. Creo que cualquiera puede relacionarse con ello; sin embargo, la alternativa no debería ser –por muy extremas que las circunstancias, o el dolor y sufrimiento asociados puedan ser– matar al bebé.

Yo, como padre de una niña, estaría totalmente de acuerdo con que la respuesta de la sociedad ante un crimen tan monstruoso fuera la pena de muerte, ¡pero no que ésta se le aplique al inocente bebé, por Dios! No debemos de perder de vista que él o ella son tan víctimas inocentes como lo es la madre.

Sin importar las circunstancias y qué tan inconveniente pueda resultar un embarazo, la respuesta y curso de acción, nunca debería ser la salvaje carnicería de un bebé nonato; independientemente de que tan temprana o avanzada sea la gestación; existen otras opciones, siendo la adopción la más viable o, por qué no, aceptar el regalo que Dios ha reservado para las mujeres: la indescriptible bendición de convertirse en madres.

He aquí, herencia de Jehová son los hijos; cosa de estima el fruto del vientre. (Salmos 127:3, RVR 1960)

Practicar abortos es un negocio gigantesco, de miles de millones de dólares y, trágicamente, hay incontables médicos –o debiera de decir carniceros– ansiosos por masacrar a tantos como sea posible, por pura codicia.

Recuerde lo que decreta la Constitución de Estados Unidos: *"Ninguna persona debe ser privada de su vida… sin el debido proceso que marca la ley."* Mil ochocientos bebés nonatos son sentenciados a la pena capital y ejecutados cada día en Estados Unidos sin el debido proceso, incapaces de defenderse, simplemente porque a alguien le resultan no del todo convenientes. ¡Sea usted su voz, le demando!

En mi corazón no existe la menor duda de que es la voluntad de Dios que Roe vs. Wade sea revertido. Él está observando atentamente el resultado de la batalla que se está librando en los frentes político e ideológico justo ahí, frente a usted, así que lo exhorto a que no sea un espectador.

La verdad, no me sorprendería en lo absoluto que la razón principal por la que el Señor puso al Presidente Trump en la Casa Blanca es para permitir que esto ocurra. Sin embargo, tenga en cuenta que Dios es respetuoso y no va a imponerlo, por lo que en este momento es la ineludible responsabilidad de los electores estadounidenses sentar las bases para que pueda darse.

Un argumento final:

¿Cómo podría alguien colocar "pro-vida" y "pro-elección" al mismo nivel? ¿Quién podría pretender que una vida humana esté sujeta a la decisión unilateral de otra persona?

La vida humana es por mucho lo más sagrado que hay en este mundo.

Si hablamos de elección, al final de cuentas todo se reduce a conveniencia, por lo que los que defienden la postura "pro-elección" están anteponiendo la conveniencia de una mujer a la vida de un ser humano.

La fragilidad de la sentencia de Roe vs. Wade recae en el hecho de que con la finalidad de evitar juzgar el tema sustancial, los magistrados tomaron una ruta alternativa y "pintaron una raya" con base en un criterio de "viabilidad".

No obstante que la viabilidad no tiene absolutamente nada qué ver en el asunto (¿Qué es "viabilidad" de cualquier manera?), la Corte definió "viable" como *capaz de vivir de manera prolongada fuera del vientre materno.*

¿Se da cuenta de lo absurdo de la tal definición?

Yo tengo una hermosa niña de tres años y le aseguro que si a mi esposa y mí se nos ocurriera dejarla sola en casa por espacio de, digamos, una semana, no sería capaz de sobrevivir por su propia cuenta. Siendo así y si nos basáramos en la morónica definición de Harry Blackmun, ella no es a sus tres años de edad, "viable", dado que no es capaz de *vivir de manera prolongada fuera del vientre* de su madre por sí misma. Entonces, si mi hermosa niña, en algún punto y por cualquier razón se convirtiera en algo "inconveniente" para su madre, ¿tendría ella el derecho de "ponerla a dormir"?

No hay duda de que el Presidente Trump va a nominar a la persona o personas más idónea para ocupar cualquier vacante en la Corte Suprema de Estados Unidos, tal como lo ha hecho hasta el momento, por lo que será responsabilidad del Senado hacer su parte confirmándolos; es, en tal virtud, que resulta imperativo contar con un Senado que permanezca fiel al liderazgo del presidente, y la manera más efectiva y pragmática de lograr este crucial objetivo es votar por los candidatos republicanos en las elecciones que se llevarán a cabo en noviembre próximo. Siendo así, depende de los ciudadanos americanos hacer lo correcto.

¿DEBERÍA EL PRESIDENTE TRUMP ORDENAR LA INVASIÓN DE VENEZUELA?

De acuerdo con lo reportado por varios medios de comunicación, en agosto de 2017 el Presidente Trump les planteó a sus más cercanos colaboradores en la Casa Blanca la posibilidad de invadir Venezuela.

Dichos medios lo citaron diciendo: *"Tenemos muchas opciones para Venezuela, incluyendo una posible invasión militar, de ser necesario."*

Un reportaje de la Prensa Asociada, cita a un alto funcionario de la administración del Presidente Trump, cuya identidad no fue revelada, quien indicó que los presentes en la reunión se quedaron atónitos ante lo sugerido por éste; entre ellos se encontraba el entonces Asesor de Seguridad Nacional, H.R. McMaster y el Secretario de Estado, Rex Tillerson, quienes ya no forman parte del gabinete presidencial.

Según las fuentes, los presentes en la reunión habrían tomado turnos argumentando en contra del planteamiento, buscando de cualquier manera disuadir al presidente de dicha idea, haciendo énfasis en el hecho de que una acción militar de esa naturaleza provocaría que los países latinoamericanos que han apoyado la postura de Estados Unidos, incluyendo las sanciones punitivas en contra del gobierno de Maduro, huyeran en desbandada.

Sus argumentos, no obstante, parece que no disuadieron del todo al presidente, concluye el reportaje. Salvo, claro, por el hecho de que ha transcurrido más de un año desde que la supuesta reunión tuvo lugar sin que Venezuela haya sido invadida por tropas americanas.

Yo tengo algunas reflexiones al respecto de este tema:

Sostenemos como evidentes estas verdades: que los hombres son creados iguales; que son dotados por su Creador de ciertos derechos inalienables; que entre estos están la vida, la libertad y la búsqueda de la felicidad.

Que para garantizar estos derechos se instituyen entre los hombres los gobiernos, que derivan sus poderes legítimos del consentimiento de los gobernados; que cuando quiera que una forma de gobierno se haga destructora de estos principios, el pueblo tiene el derecho a reformarla o abolirla e instituir un nuevo gobierno que se funde en dichos principios, y a organizar sus poderes en la forma que a su juicio ofrecerá las mayores probabilidades de alcanzar su seguridad y felicidad. La prudencia, claro está, aconsejará que no se cambie por motivos leves y transitorios gobiernos de antiguo establecidos; y, en efecto, toda la experiencia ha demostrado que la humanidad está más dispuesta a padecer, mientras los males sean tolerables, que a hacerse justicia aboliendo las formas a que está acostumbrada. Pero cuando una larga serie de abusos y usurpaciones, dirigida invariablemente al mismo objetivo, evidencia en designio de someter al pueblo a un despotismo absoluto, es su derecho, es su deber, derrocar ese gobierno y proveer de nuevas salvaguardas para su futura seguridad.

¿Debería el Presidente Trump ordenar la invasión militar de Venezuela con el objetivo de derrocar al régimen totalitario, represivo, corrupto y sanguinario de Nicolás Maduro?

Con base en lo que establece la Declaración de Independencia de Estados Unidos, la respuesta inequívoca es un rotundo "Sí".

En dicho documento, los padres fundadores establecieron de manera enfática que las personas bajo un gobierno despótico más que el derecho tienen la obligación de derrocar al tal régimen para establecer en su lugar uno nuevo que brinde las condiciones que les permitan alcanzar sus justas aspiraciones de seguridad y felicidad.

Es, por supuesto, un hecho que la sabiduría de los padres fundadores está dirigida a los ciudadanos estadounidenses; sin embargo, el espíritu de esta justa proclamación es de aplicación universal.

Los venezolanos han estado subyugados por un gobierno despiadado, corrupto y tiránico, que flagrantemente ha pisoteado su constitución y el imperio del derecho en todas las formas imaginables, incluyendo el encarcelamiento y asesinato de aquellos que han osado oponerse a tales vejámenes, mientras el país entero sufre la peor crisis económica no sólo en la historia de Venezuela, sino una de las peores de las que el mundo haya sido testigo: Una hiperinflación sin precedentes (estimada en 1,000,000% para 2018), un salario mínimo mensual equivalente a US$2, escasez generalizada de hasta los bienes de consumo más básicos. Una situación extrema a tal grado que se estima que el venezolano promedio perdió 25 libras (10 kg) de peso en 2017, debido al desabasto de alimentos y al empobrecimiento generalizado (85% de los venezolanos viven hoy en extrema pobreza).

Siendo este el caso, con base en la sabiduría de los padres fundadores, ellos (los venezolanos) no sólo tienen el derecho de derrocar a su gobierno sino que tienen el deber cívico de hacerlo. Infortunadamente, dada la situación prevalente en la que apenas subsisten, éstos carecen por completo de los medios para emprender esta asignatura por sí solos. El putrefacto gobierno venezolano cuenta con el apoyo irrestricto de las fuerzas armadas y, siguiendo el modelo cubano, de un leal y bien armado ejército popular encargado de aterrorizar y reprimir a la población civil ante la menor provocación.

El abordaje de la comunidad internacional con respecto a la crisis venezolana ha sido la imposición de "estrictas sanciones económicas" dirigidas a sofocar al régimen para forzarlo a negociar algún tipo de salida.

Previsiblemente, dichas sanciones lo único que han logrado es: 1) empobrecer aún más a los venezolanos, 2) mermar la capacidad del gobierno para cumplir con sus compromisos financieros, y 3) proporcionarle un chivo expiatorio al cínico Maduro, quien no pierde oportunidad de culpar a la comunidad internacional liderada por Estados Unidos por la escasez y la debacle que enfrenta su país.

Tal como la historia lo ha demostrado una y otra vez, cuando se trata de regímenes dictatoriales es muy limitado lo que se logra a través de la diplomacia: ¿Corea del Norte y Cuba le suenan?

Siendo así, ¿cuál es la alternativa y se la podría, en dado caso, "justificar"?

Si algo como llevar a cabo una invasión militar con el propósito de derrocar al régimen dictatorial y sentar las bases para un regreso a la senda de la democracia le vino a la mente, entonces, ya somos dos.

¿Por cuánto tiempo debe prolongarse la agonía de toda una nación, sino?

¿Se puede justificar el emprendimiento de una operación militar cuya finalidad sea sacar a patadas a un miserable como Maduro? ¡Por supuesto que sí!

Es un asunto de elemental solidaridad humana, siendo que es la única opción viable para evitarles a los venezolanos más y mayor sufrimiento, y prolongar su agonía *ad eternum*. La realidad es que Venezuela está más allá de cualquier posibilidad de ser rescatada a menos que se actúe con la decisión que las circunstancias demandan y que se lleve a cabo lo que es inevitable tan pronto como resulte posible.

El esquema ideal sería que la acción militar la emprenda una coalición de naciones liderada por Estados Unidos, pero si esto no resulta factible (en virtud del acobardamiento de otros países que debieran participar), entonces yo no tendría el más mínimo reparo en que Estados Unidos la lleve a cabo por sí solo.

Con base en la valiente postura fijada por los padres fundadores, plasmada en la Constitución de manera tan categórica, hay argumentos más que de sobra que dan soporte a esta ineludible opción, dado que no hay manera de brindar apoyo a los venezolanos para que sean ellos quienes la ejecuten por sí mismos.

Demasiados intentos se han llevado a cabo de manera infructuosa por parte de los desesperados patriotas venezolanos. Seamos honestos: dadas las actuales circunstancias y lo celosamente resguardado que Maduro está por sus mercenarios (fuerzas militares y ejército popular), las probabilidades de que un golpe de estado gestado y llevado a cabo por venezolanos es en el mejor de los casos infinitesimal.

Por otro lado, existen al menos tres razones subyacentes adicionales que justifican el involucramiento de Estados Unidos:

1. Es un acto de solidaridad y compasión. Ninguna catástrofe natural –sea un terremoto o un huracán de proporciones épicas– sería capaz de producir tanto daño y a tantos como el provocado por la ambición e insensatez de Maduro. Las personas están literalmente muriendo de inanición y por falta de los medicamentos más básicos, mientras otros son brutalmente asesinados en las calles.

2. No sólo Venezuela es de importancia estratégica para Estados Unidos y para el resto del hemisferio occidental, siendo que sus reservas petroleras son reconocidas como las mayores de todo el mundo, sino que desde que Chávez se apropió del poder hace ya casi 20 años, Venezuela estableció y mantiene estrechas relaciones con países comunistas, como es el caso de Cuba, a quien ha sacado de la bancarrota en innumerables ocasiones, y China; al igual que con países islámicos fundamentalistas y radicales, declaradamente anti-americanos como Irán, Siria y con la Autoridad Nacional Palestina. De igual manera, ha brindado apoyo y patrocinado de manera abierta a organizaciones terroristas como Hezbollah.

3. Venezuela también ha apoyado y financiado la expansión del socialismo a lo largo y ancho de Latinoamérica al punto que Ecuador, Bolivia y Nicaragua la ven como a un padrino benefactor y, por si eso no fuera motivo suficiente de preocupación, ahora México está a la puerta de seguir sus pasos.

Es innegable que la animosidad del gobierno venezolano en contra de Estados Unidos, a quien culpa de todas sus desgracias, constituye una clara y presente amenaza para la seguridad de este país, contenida únicamente por la caótica situación económica de Venezuela.

Evidentemente, la comunidad internacional y la élite que conforman académicos y políticos izquierdistas radicales, acuerpados por los medios de comunicación rabiosamente condenarían al Presidente Trump si éste ordenase la invasión militar de Venezuela y desdeñosamente calificarían su decisión de imperialismo en su más pura expresión, pero a estas alturas ya todos estamos más que acostumbrados a su hipocresía y estoy seguro seremos capaces de sobreponernos al melodrama que seguramente pondrán en escena.

Desde la perspectiva militar, invadir a Venezuela demandaría muy poco esfuerzo y recursos por parte de las fuerzas armadas estadounidenses, quienes no requerirían de prolongar su estadía una vez logrado el objetivo de deponer a Maduro, siendo que la operación militar sería fervientemente aplaudida por la población civil y seguramente por una facción del mismo ejército venezolano. Siendo así, la perspectiva de un gobierno democráticamente electo establecido en Venezuela para liderar su recuperación es un anhelo perfectamente alcanzable a muy corto plazo luego de una operación militar exitosa.

El momento es un factor que, obviamente, debe tomar en consideración el Presidente Trump, quien tendrá que ponderar el impacto que esta decisión pueda tener en sus perspectivas de ser reelecto, dado que sin lugar a dudas su absoluta prioridad debe ser lograr este objetivo por el bien de los estadounidenses.

Llegado este punto, considero prudente preguntarnos si en la historia reciente existe algún precedente de una acción militar emprendida por Estados Unidos para derrocar a algún dictador en la región que debamos tomar en consideración y, de ser así, cuál fue el resultado de dicha acción.

Pues resulta ser que, de hecho, hay dos casos:

- La Operación Furia Urgente ("Urgent Fury"): La invasión militar de Granada en 1983, ordenada por el entonces Presidente Ronald Reagan, y

- La Operación Causa Justa ("Just Cause"): La invasión en 1990 de Panamá, ordenada por el Presidente George H. W. Bush

<u>Operación Furia Urgente:</u> Granada es un estado soberano localizado en el sureste del Mar Caribe, 160 kilómetros al norte de Venezuela. Consiste de la isla de Granada y otras seis islas más pequeñas, con un área total de 348.6 km^2 y una población estimada en 1983 de 91,000 habitantes (107,317 en la actualidad).

Obtuvo su independencia del Reino Unido en 1974. El 19 de octubre de 1983, una junta militar revolucionaria pro-cubana, liderada por el General Hudson Austin, capturó y ejecutó al entonces jefe de gobierno, Maurice Bishop y a dieciséis miembros de su gabinete, tomó a varias personas allegadas al derrocado gobierno como prisioneros políticos y derogó la constitución.

El Presidente Reagan recibió una petición firmada por los cinco miembros de la Organización de Países del Caribe Este (OECS, por sus siglas en inglés) y Paul Scoon, el gobernador general de Granada, nombrado por la corona británica (Granada es miembro de la Mancomunidad Británica), para *asistirlos en un esfuerzo conjunto para restaurar el orden y la democracia en la isla de Granada.*" La respuesta del Presidente Reagan no se hizo esperar, ordenando la invasión de Granada con el propósito de derrocar al gobierno militar *de facto* liderado por Hudson Austin como primer paso para devolver a la isla-estado a la senda democrática.

La expedita operación militar Furia Urgente, fue lanzada tan sólo seis días después del asesinato de Maurice Bishop e incluyó un contingente de 7,600 infantes de marina y rangers del ejército estadounidense, además de 353 soldados de Jamaica, Santa Lucía, Dominica, San Vicente, Barbados y Antigua.

En cuestión de un par de días, las fuerzas lideradas por Estados Unidos aplastaron al ejército granadino consistente en unos 1,500 soldados armados con equipo militar soviético, checo y norcoreano, y 722 cubanos igualmente armados, que tomaron posiciones defensivas para repeler la invasión.

Hubo 19 fallecidos y 116 heridos del lado de las fuerzas norteamericanas; por parte de los cubanos hubo 25 fallecidos, 59 heridos y 638 combatientes capturados. Las fuerzas granadinas sufrieron 403 bajas (45 fallecidos y 358 heridos).

Luego de la victoria militar estadounidense, Paul Scoon asumió el poder de forma interina como jefe de gobierno, conformó un consejo consultivo y convocó a elecciones.

En diciembre de 1984 se llevó a cabo un proceso electoral democrático en el que le Partido Nacional de Granada resultó vencedor, formando gobierno con Herbert Blaize como Primer Ministro.

Desde entonces, Granada se ha mantenido como una nación democrática.

El 25 de octubre, cada año, es observado como día festivo en Granada para conmemorar la invasión, conocido por los locales como el "Día de Acción de Gracias".

Como era de esperarse, la comunidad internacional no tardó en manifestar su rechazo a la invasión. Los países que integran la Mancomunidad Británica, incluyendo al Reino Unido, Trinidad y Tobago, y Canadá, entre otros, se opusieron a la intervención norteamericana.

Por su parte, la ONU pasó una resolución el 2 de noviembre de 1983, con el voto de 108 a favor y 9 en contra, por medio del cual *"categóricamente deplora la intervención armada en Granada, la cual constituye una flagrante violación del derecho internacional y de la independencia, soberanía e integridad territorial de dicho estado."*

Cuestionado en torno a la contundente votación (108-9) condenatoria de la Asamblea General de la ONU, el Presidente Reagan comentó *"no perturbó mi desayuno en lo absoluto."*

Por otro lado, el público americano claramente aprobó la decisión del Presidente Reagan de invadir Granada. De acuerdo a una medición de opinión llevada a cabo por el Washington Post y ABC News, 71% de los encuestados dijeron aprobar la invasión, mientras que únicamente 22% dijo estar en desacuerdo.

Operación Causa Justa: En 1977, los tratados Torrijos-Carter fueron firmados en Washington. Dichos tratados garantizaban que Panamá adquiriría el control del canal en el año 2000, terminando así el control que Estados Unidos ejerció sobre el mismo desde 1903.

De manera un tanto irónica, Omar Torrijos, quien firmó los tratados representando a Panamá no era el presidente de aquel país, sino el Comandante de la Guardia Nacional que detentaba el poder luego del golpe de estado que lideró en 1968. ¡Vaya legitimidad!

Luego del fallecimiento de Torrijos en 1981, Manuel Antonio Noriega ("El General"), quien sirvió bajo sus órdenes como jefe de inteligencia militar, consolidó su poder para convertirse en el gobernante *de facto* en 1983.

Noriega fue durante años uno de los recursos más valiosos de la Agencia Central de Inteligencia (CIA, por sus siglas en inglés) en la región y uno de los conductos que ésta más utilizó para hacerles llegar armamento, equipo militar y financiamiento a las fuerzas contrainsurgentes a las que Estados Unidos entonces apoyó a través de la región.

Estados Unidos mantuvo una larga relación con El General, quien sirvió bajo las órdenes de la CIA desde 1967. También era considerado como un muy valioso recurso para apoyar las acciones de este país en el combate al narcotráfico; esto, a pesar de que era del conocimiento público que él mismo estaba involucrado en muy lucrativas actividades de trasiego de drogas.

A mediados de los ochentas, la relación entre Noriega y Estados Unidos comenzaron a deteriorarse, particularmente a partir de un reportaje del New York Times que lo involucraba en el escándalo "Irán-Contra".

Más adelante y conforme las relaciones con Estados Unidos continuaron desgastándose, Noriega cambio de bando y su lealtad se volvió hacia el bloque soviético, llegando a solicitar y recibir ayuda militar de Cuba, Nicaragua y Libia.

En mayo de 1989 se llevaron a cabo elecciones presidenciales en Panamá, pero luego de que el candidato oficial, Carlos Duque, fuera a todas luces derrotado por una alianza de partidos opositores al régimen de Noriega, éste anuló la elección y retuvo el poder por la fuerza.

En octubre de ese mismo año, tras ordenar varias acciones dirigidas a presionar a Noriega, en una declaración, el Presidente Bush dijo que Estados Unidos no negociaría con un narcotraficante, lo que desencadenó una serie de reacciones por parte del gobierno panameño, incluyendo una resolución de la Asamblea General Panameña, fechada el 15 de diciembre, la cual estableció que las acciones emprendidas por Estados Unidos daban lugar a la existencia de un estado de guerra entre ambos países.

Al día siguiente, un incidente en el que estuvo involucrado personal militar norteamericano, a quienes se les marcó el alto en un retén, y que resultó en el fallecimiento de un oficial y otro más que resultó herido, fue la gota que derramó el vaso.

No obstante, dada la turbia relación que mantuvo Estados Unidos con El General por más de 20 años, incluyendo el tiempo en que el Presidente Bush ocupó varios cargos en la CIA y en la Fuerza Especial Antinarcóticos, no resulta tan fácil defender la legitimidad de las intenciones de éste último cuando ordenó la invasión de Panamá.

De igual manera, la poco afortunada manera en que la operación militar fue llevada a cabo, resultando en un desproporcionado número de bajas civiles en comparación con las sufridas tanto por parte de las fuerzas invasoras como por parte del ejército panameño: 500 civiles versus 23 soldados estadounidenses y 203 efectivos panameños. Y, a lo anterior, habría que sumarle el extenso daño que se causó a la propiedad privada: cerca de 20,000 personas perdieron sus hogares.

Dado lo anterior, es evidente que lo que se suponía sería una "operación quirúrgica" cuyo objetivo primordial era extraer a El General para ser conducido a Estados Unidos en donde habría de enfrentar la justicia, estuvo lejos de serlo; en tal virtud, tanto la legitimidad de los motivos como la conducción del operativo militar son altamente cuestionables.

Un efecto muy positivo, sin embargo, de la invasión es que sentó las bases para que Panamá, luego de más de 20 años de dictaduras militares, regresara a la senda democrática. Desde entonces, el país no sólo ha tenido elecciones libres cada cinco años, sino que ha gozado de crecimiento económico sostenido.

Si aceptamos el hecho de que la invasión de Panamá es un claro precedente para una potencial operación militar en Venezuela, lo que encuentro fascinante son las justificaciones que fueran articuladas por el Presidente George H. W. Bush a pocas horas del inicio de la operación:

1. Salvaguardar las vidas de los ciudadanos americanos que se encuentran en Panamá

2. Defender la democracia y los derechos humanos en Panamá

3. Combatir el narcotráfico

4. Proteger la integridad de los tratados Torrijos-Carter

   (Algunos miembros del congreso y personalidades de la política estadounidense estaban convencidos de que Noriega era una amenaza para la neutralidad del Canal de Panamá y que Estados Unidos tenía, con base en los tratados, el derecho para intervenirlo militarmente con la finalidad de salvaguardarlo.)

¿No es impresionante cómo las justificaciones dadas por el Presidente Bush aplican de manera casi perfecta al caso venezolano?

En realidad, la única que no encaja es la cuarta (por razones evidentes), pero en el caso de las otras tres sería mera cuestión de "cortarlas y pegarlas" nada más reemplazando "Panamá" por "Venezuela".

1. Salvaguardar las vidas de los ciudadanos americanos que se encuentran en ~~Panamá~~ Venezuela

   Es evidente hay un buen número (aunque no tengo idea de cuántos) de ciudadanos americanos en Venezuela que se encuentran en permanente riesgo dadas las condiciones prevalentes en ese país y las tensas relaciones entre el régimen de Maduro y Estados Unidos.

   Un ejemplo de la vida real es el caso de Joshua Holt, un misionero mormón de 26 años originario de Utah, que fue encarcelado en una prisión en Caracas por más de dos años.

Él fue arrestado por cargos de posesión de armas de fuego, pero nunca fue juzgado y sólo fue liberado como resultado de las intensas negociaciones llevadas a cabo por el gobierno del Presidente Trump.

2. Defender la democracia y los derechos humanos en ~~Panamá~~ Venezuela

Ya he discutido este tema ampliamente.

3. Combatir el narcotráfico:

Estados Unidos acusa a Maduro y a funcionario del partido oficial venezolano de narcotráfico

Lesley Wroughton
Mayo 18, 2018

WASHINGTON (Reuters) - El viernes, Estados Unidos acusó al presidente venezolano, Nicolás Maduro y al número dos del partido oficial de obtener beneficios económicos producto del contrabando de narcóticos ilegales hacia Estados Unidos, siendo la primera vez que, de manera pública, Washington vincula a Maduro con el narcotráfico.

Estados Unidos ya ha impuesto sanciones en contra del régimen de Maduro por violaciones a los derechos humanos y lo señala como responsable de la actual crisis económica y política por la que atraviesa Venezuela.

Pero la acusación por narcotráfico, contenida en una declaración del Departamento del Tesoro, por medio de la cual se justifican sanciones en contra del alto oficial del socialista partido oficial, Diosdado Cabello, vienen a agudizar las acusaciones en contra de Maduro al tiempo que éste se prepara para las controversiales elecciones presidenciales del próximo domingo.

¿Se requiere decir más?

Lo que ocurrió en Panamá, particularmente en lo referente al General Noriega, es lamentable y vergonzoso para Estados Unidos, además del hecho de que lo que se convirtiera en objetivo central del operativo: "extraer a El General para ser conducido a Estados Unidos en donde habría de enfrentar la justicia", guardaba muy poca relación con los motivos aludidos por el Presidente Busch para justificar la invasión, sino más bien estaba relacionado con el hecho de que El General había cesado de ser un valioso recurso para convertirse en un lastre para el ex director de de inteligencia en la CIA, bajo cuya nómina éste estuvo por más de 20 años.

Hay muchos ejemplos de relaciones de Estados Unidos en la era de la Guerra Fría que pasaron de estrechas y cordiales a agriarse por completo: Saddam Hussein y Osama Bin Laden, son, sin duda, los más claros ejemplos.

Ambos fueron en un momento determinado aliados cercanos y recursos que Estados Unidos utilizó para fines específicos; Hussein como contrapeso al despótico régimen iraní y Bin Laden para hacerles la vida miserable a los soviéticos mientras duró la ocupación por parte de éstos en Afganistán.

Pero, en algún momento, ellos al igual que el General Noriega, ya sea porque borrachos de tanto poder se creyeron indispensables y, consecuentemente, se volvieron para morder la mano que los alimentaba, o, comprendieron que en algún momento lejos de ser útiles habían llegado a ser motivo de vergüenza para sus viejos amigos, y movidos por desesperación, ira, incapacidad de reconocerse inútiles, o de pura humillación, buscaron la manera de desquitarse y se rebelaron. Todos ellos enfrentaron las inevitables consecuencias y aprendieron de la manera difícil que, como la gran mayoría, eran desechables.

Enfatizo el hecho de que todo esto ocurrió durante la Guerra Fría, un triste y miserable capítulo de nuestra historia, una época que ejemplifica de manera muy clara la sabiduría detrás del dicho al que ya hice referencia y que tiene que ver con lo que ocurre cuando uno ya sea intencionalmente o porque no le queda más remedio se enfrenta en una lucha cuerpo a cuerpo con un cerdo.

El expansionismo en el que se embarcó la Unión Soviética fue el resultado de la convicción dogmática de que el comunismo era "La respuesta" a todos los problemas de la raza humana, ¿cierto? ¡Para nada!

La realidad es que surgió de la realización pragmática de que era (el comunismo) una manera muy eficiente para obtener y retener el control sobre la humanidad.

No deja de sorprenderme que aún hoy existan personas que se consideran a sí mismos "intelectuales" (y, como tales, inteligentes) que siguen viendo al comunismo o socialismo –ambos términos son sinónimos para todos los efectos independientemente de la necedad de algunos académicos– como un sistema viable, a pesar de los muchos ejemplos de su estrepitoso fracaso.

De cualquier manera, sintiéndose dueños de la verdad absoluta o, más bien, llenos de insaciable codicia, los soviéticos emprendieron la conquista del mundo y no a través de convertirse en un ejemplo que los demás países estuvieran ansiosos de emular, sino a través del uso de la fuerza bruta, contando con la complicidad de una camarilla de "librepensadores", resentidos, frustrados y con la cabeza llena de humo de mariguana, y de otros tantos tontos útiles.

Y fue así como de repente, Estados Unidos se vio sin más alternativa que enfrentar a su viejo aliado de la segunda guerra mundial para defender al mundo de una muy real amenaza a su existencia. Valientemente, se revolcó en el lodo y la inmundicia en incontables combates y, desafortunadamente, hubo inevitables consecuencias que todos tuvimos que pagar.

Lo sé de primera mano, dado que crecí en uno de los tantos lodazales que sirvieron de escenario para la lucha libre. Durante toda mi infancia y una parte de mi juventud, la mitad de Guatemala estuvo bajo el control de guerrilleros comunistas financiados por Cuba y la Unión Soviética, al tiempo que hacían explotar bombas frente a edificios de oficinas en la ciudad capital sin más propósito que sembrar el terror (por ello se les llama "terroristas") y la zozobra, mientras que muchas familias –que a pesar de la adversidad y las difíciles circunstancias, en vez de abandonar el país valientemente se quedaron al frente de sus negocios, proveyendo así muchos muy necesarios empleos– sufrieron lo insufrible cuando sus hijos fueron secuestrados y torturados por los "revolucionarios" para financiar su guerra insensata y la vida fastuosa y aristocrática de sus líderes que, con la excusa de abogar por las causas de "los oprimidos", se movían cual cortesanas a sus anchas en Europa.

Lo más lamentable es que esos mismos criminales que fueron derrotados por igual en el campo de batalla y en el ámbito ideológico, como camaleones, mudaron el estandarte abiertamente comunista con la trillada imagen del Che Guevara, para izar la bandera de otros "ideales" como el conservacionismo o los derechos de los pueblos indígenas, no por convicción, sino por pura mezquindad y con la única finalidad de alcanzar el mismo fin perverso: la destrucción de la civilización occidental.

Así que, ahora, mientras los tontos útiles permanecen de pie, soportando por horas e incluso días el ardiente sol, el frío o la lluvia, bloqueando una carretera, la entrada de una mina o una hidroeléctrica –privando a aquellos cuyos derechos dicen defender de la oportunidad de ganarse el sustento para sus familias–, sus patrones siguen disfrutando de vidas glamurosas, esta vez como tecnócratas sobrepagados de organismos internacionales o corruptas ONGs financiadas por los países nórdicos y los Soros del mundo.

¡Qué increíble oportunidad tenemos frente a nosotros!

Imagine aquel momento cuando Jimmy Carter, presidente constitucional de los Estados Unidos de América, no tuvo empacho en firmar, lado a lado con el tirano y corrupto detentor del poder de un país tercermundista, un tratado histórico, porque debido a su total falta de carácter en vez de plantarse firmemente para defender los intereses de los ciudadanos americanos y panameños, tomó la salida fácil y pospuso un problema que le tocó doce años más tarde resolver lo mejor que pudo al Presidente Bush.

Invadir Venezuela con el propósito de salvar incontables vidas y cerciorarse de que el país transite de manera ordenada y expedita hacia la democracia es hacer lo correcto; de hecho, es la única opción.

Así como tenemos los ejemplos de Granada y Panamá –uno más afortunado que el otro– contamos con otro, uno que es triste y, francamente, patético: Cuba.

Todo aquello que la comunidad internacional recomienda que se haga en el caso de Venezuela: imponerle las más estrictas sanciones económicas y hacer uso intensivo de la diplomacia para aplicarle presión al gobierno, es exactamente lo que se ha venido haciendo, sin ningún resultado, con Cuba a lo largo de casi 60 años.

Han transcurrido 58 años desde que en 1960, el Presidente Eisenhower, le impuso el primer embargo comercial a Cuba. Desde entonces, la isla ha permanecido apartada sino del mundo entero al menos de los países del bloque occidental. Hasta antes de la debacle del imperio soviético a principios de los noventas, la "revolución cubana" (esto es la "revolución" en sí misma, no así el pueblo cubano) subsistió en buena medida gracias al apoyo y patrocinio de éste. Luego del descalabro de la URSS y faltos de ideas, los Castro recurrieron a abrir la isla al turismo valiéndose de una estrategia de marketing bastante creativa: presentar Cuba como un destino turístico barato, con playas fabulosas y prostitutas disponibles en cada esquina.

La fórmula de los Castro no hizo rico a nadie, excepto, claro a los miembros de la élite gubernamental, pero proveyó los medios necesarios para mantener el *status quo* hasta que Chávez se hizo del poder en Venezuela y, mientras que los precios del petróleo y los acreedores internacionales se lo permitieron, se convirtió en el nuevo padrino y patrocinador del régimen. Esto, hasta el inevitable colapso de la economía venezolana como resultado de ésta y otras muchas insensateces.

Desde entonces, sólo Dios sabe cómo se las han arreglado los cubanos para mantener la isla a flote, pero el hecho es que de una u otra manera lo han hecho.

Exactamente lo mismo podría decirse con respecto a Corea del Norte.

La ineludible lección es que la fórmula mágica prescrita por la comunidad internacional liderada por la ONU: diplomacia + sanciones económicas, ¡simplemente, no funciona!

Fidel Castro se apropió del poder en Cuba en 1959, lo cual significa que el próximo año la República Socialista de Cuba estará conmemorando (oremos porque no sea así) el 60 aniversario de su revolución. Esto significa que a tres generaciones de cubanos les ha tocado enfrentar a diario todo tipo de carencias, a la vez que sus más básicos derechos son pisoteados de manera rutinaria, incluyendo ser torturados y asesinados cuando se atreven a expresar cualquier opinión que pueda ser interpretada como opuesta al despiadado régimen. ¡Ya ha sido demasiado tiempo!

Muchos, como yo, asumieron erróneamente que todo este suplicio iba a terminar una vez que "El Comandante" fuera puesto en un ataúd; pero, para nuestra triste sorpresa, a pesar de que ya hace algún tiempo que esté abominable personaje está pudriéndose en su tumba, prácticamente nada ha cambiado en la isla. La gente sigue sufriendo y viviendo una vida sin sentido ni propósito, sin margen alguno para soñar o imaginar, sino con uno mejor, al menos con un futuro más tolerable.

Y, por si eso no fuera suficiente, ahora tenemos al más descarado mentiroso patológico de la historia: Barack Obama, que un día de la nada (al menos en apariencia) decide que es tiempo de ponerle fin al pleito entre Estados Unidos y Cuba, por lo que, de manera totalmente unilateral y sin explicación alguna, así no más, apertura las relaciones de Estados Unidos con el régimen tiránico de La Habana.

Uno pensaría que innumerables concesiones habrían sido acordadas por Cuba y que, a partir de ese momento, una muy estricta supervisión por parte de la comunidad internacional se cercioraría de que las flagrantes y horrendas violaciones a los derechos humanos que son parte de la rutina diaria en la isla quedaran en el pasado y en la memoria de todo un pueblo, que los prisioneros políticos fueran de inmediato liberados y que elecciones libres se llevaran a cabo a la brevedad, pero, ¿adivine qué? ¡Nada de lo anterior!

No hay manera de justificar la inexplicable decisión de Obama, más bien pareciera que de pronto sintió un deseo urgente e incontrolable para ofrecer una disculpa en representación de Estados Unidos a los hermanos Castro por haber mantenido un cierto grado de presión durante tanto tiempo con la esperanza de que el infierno en el que han vivido los cubanos durante los últimos 59 años terminara algún día.

¿O, más bien es que pensó que una fotografía de él con una sonrisa de oreja a oreja del tamaño de su cinismo, rodeado de su radiante familia y abrazando a Raúl Castro (a falta de Fidel, quien ni siquiera se tomó la molestia de hacer acto de presencia, probándole así al mundo que hasta él tenía más escrúpulos que Obama) en el malecón de La Habana, obraría maravillas para alcanzar su máxima prioridad: obtener un Premio Nobel de la Paz?

¡Qué persona tan ignominiosa y patética! ¿Cómo se atrevió a insultar la memoria de los incontables hombres y mujeres que han sido torturados y asesinados en las cárceles cubanas, o los miles que han muerto tratando de atravesar los 140 kilómetros que separan Cuba del punto más al sur del territorio norteamericano en endebles balsas improvisadas o hasta en llantas de camión, sabiendo de antemano que las probabilidades de lograr su objetivo eran minúsculas; pero que, no obstante, prefirieron enfrentar las muy reales y altísimas probabilidades de ser devorados vivos por tiburones, o morir de sed e inanición, o ahogarse, que continuar viviendo la vida miserable provista por la revolución popular.

Mi más sincero anhelo es que los venezolanos no tengan que pasar por el inimaginable sufrimiento al que los cubanos han estado condenados y por tanto tiempo como a éstos les ha tocado.

Gracias a Dios, Obama el traidor ya no está a cargo; Estados Unidos tiene ahora la bendición de contar con un hombre de carácter, integro, y que es, sobre todo, un verdadero patriota.

Que el Todopoderoso bendiga al Presidente Trump y le conceda sabiduría.

NEO MARXISMO EN AMÉRICA

Noticia de última hora:

La Guerra Fría está lejos de haber terminado.

"¿Qué? ¿Cómo que no ha terminado? ¿De qué habla? Yo fui testigo de la debacle del imperio soviético, vi en los noticieros cómo el muro de Berlín era derribado mientras miles de personas en las calles cantaban gozosos al tiempo que las dos alemanias eran reunificadas."

Por supuesto que sí, mi querido amigo, yo también lo viví. Lo que es más, aquí en mi pequeño país (¿recuerda que le compartí que fue uno de los muchos lodazales en los que la lucha con el cerdo –me refiero al cerdo marxista– se llevó a cabo?), luego de 36 años de una guerra en la que defendimos como pudimos nuestra patria de una camarilla de terroristas comunistas, financiados, entrenados y armados por Cuba y la Unión Soviética, y apoyados y aplaudidos por los países socialistas europeos (Noruega, Suecia, Finlandia, los Países Bajos y España), además de –tristemente– México, a quienes fuimos capaces de derrotar en el campo de batalla contando únicamente con el apoyo de nuestros incondicionales y eternamente fieles amigos, los israelíes, y esporádicamente –dependiendo de quién fuera su presidente– Estados Unidos; pero, de alguna manera, una vez alcanzada la victoria, en vez de juzgarlos por sus muchas atrocidades, la comunidad internacional nos impuso un "acuerdo de paz", que les permitió reincorporarse a la sociedad que ellos tan afanosamente se empeñaron en destruir y fueron generosamente recompensados con extremadamente bien remuneradas posiciones en alguna de las demasiadas agencias y dependencias de la ONU, o una de las abundantes ONGs financiadas por los países nórdicos o por la Fundación Soros, desde las que con total descaro y cinismo siguen diseminando sus flagrantes mentiras y su odio criminal.

La única diferencia entre aquel tiempo, en el que fumaban habanos, y hoy es que en vez de llamarse a sí mismos "revolucionarios" ahora utilizan el eufemismo más apropiado para los tiempos modernos de "Socialistas del Siglo 21" y han dejado de utilizar o reemplazado su *argot* sesentero: "camarada" para dirigirse a sus compinches ahora se considera pasado de moda, "proletariado" fue reemplazado por "pueblos (indígenas, a conveniencia en la mayoría de casos)", y "burguesía" como peyorativo para señalar a aquellos a quienes envidian fue sustituido por el también peyorativo "élites privilegiadas" o "blancos supremacistas", dependiendo del contexto.

La bandera de lo políticamente correcto tomó el lugar del estandarte de la "la clase trabajadora oprimida" y abrazaron las causas del igualitarismo, ambientalismo, feminismo, los derechos de los animales y de los homosexuales, mientras que abiertamente le declararon la guerra a las personas "blancas" –por el mero hecho de serlo– y, por supuesto, a cristianos y conservadores por igual.

Y, claro está, no lo hicieron a partir de una legítima preocupación o interés por las causas antes citadas y las cuales tan ardientemente defienden, sino que como una burda excusa para destruir todo aquello sobre lo que se fundamenta la civilización occidental.

No es casual que de manera tan insistente y sistemática pretendan etiquetar al Presidente Trump como "blanco supremacista" o "misógino", entre otras muchas falsas acusaciones que han dirigido en su contra.

Como observador externo y objetivo, hace algún tiempo cuando por primera vez fue diagnosticado el "Trump Derangement Syndrome", que se traduciría en español algo así como el *trastorno mental que condiciona en contra de Trump*, no pude sino asombrarme por todo aquello de lo que se le señala. ¿Cómo es posible que alguien acuse al Presidente Trump de ser misógino, por ejemplo, siendo que uno de sus más cercanos y confiables asesores, Kellyanne Conway, resulta que es una mujer; o el hecho de que de entre muchos potenciales candidatos, él haya elegido a una mujer, Gina Haspel, para comandar la CIA, y no por la clase de motivos que uno habría de esperar de un demócrata, como cumplir con la "cuota de diversidad" (como cuando el traidor Obama escogió a Hillary como Secretaria de Estado), sino por la única razón de que ella resulta ser la persona más idónea para ocupar la posición; o que le confíe a otra mujer, Sarah Huckabee Sanders, la delicada labor de ser su Secretaria de Prensa, y de nuevo, únicamente con base en sus incuestionables méritos; o, qué hay de, sí otra mujer, Nicky Haley, la Embajadora de Estados Unidos ante la ONU?

¡No estoy hablando de algún caso aislado imputable a la casualidad, sino de cuatro (1-2-3-4) mujeres que el Presidente Trump seleccionó personalmente para ocupar cargos estratégicos y de altísimo nivel dentro de su gabinete! Pero, de nuevo, no puedo enfatizar lo suficiente el hecho de que no lo hizo por motivaciones políticas o para congraciarse con las feministas, sino porque él es capaz de ver más allá del género o del color de la piel de cualquier individuo, para centrar su atención en lo que realmente cuenta: integridad, credenciales, experiencia, compromiso y amor por su patria.

Seguro, más de alguien señalará el hecho de que únicamente haya un negro en el círculo íntimo del presidente –como es el caso– siendo éste el Secretario de Vivienda y Desarrollo Urbano, el Dr. Ben Carlson. Bueno, cabría preguntarse qué tanto tiene esto que ver con el hecho de que la mayoría de negros en Estados Unidos no son precisamente simpatizantes del Presidente Trump e, históricamente, han apoyado la causa del Partido Demócrata.

Además, hay que tomar en cuenta que Obama el traidor, durante sus ocho años al frente de la Casa Blanca no tuvo más que cinco.

En este sentido será cuestión de esperar a que como el resto de personas en Estados Unidos, los negros, empezarán a reconocer la buena fe con la que actúa el Presidente Trump, cuya única motivación es lograr lo mejor para su país, y cuando esto ocurra, haya muchas más personas negras capaces, confiables y dispuestas a quienes él pueda escoger para integrarse a su equipo.

A propósito, me disculpo por el hecho de que a propósito evito hacer uso del término políticamente correcto, "afroamericano" y, en vez de éste utilice "negro". Sólo por si fuera el caso de que aún hubiera alguien con alguna duda al respecto y para que quede debidamente asentado, soy la persona menos racista que puede haber ya que estoy absolutamente convencido de que *todos los hombres [lo cual incluye a las mujeres] somos creados iguales* por un Dios soberano en quien creo con todo mi corazón.

Lo hago no con el afán de irrespetar a nadie, sino para evitar utilizar un término que para mí no hace ningún sentido y que es sólo parte de un juego frívolo y absurdo que los liberales disfrutan tanto jugar: el de "lo políticamente correcto".

Asumir que todos las personas negras que viven en Estados Unidos son descendientes de africanos es tan arbitrario como considerar que todos nosotros los habitantes (u oriundos) de Latinoamérica somos "hispanos", que con mayor precisión describiría a aquellos provenientes de España. Sí, por supuesto, la mayoría de nosotros hablamos español (¿entiende la conexión?); bueno, excepto por los 207.7 millones de brasileños o los otros muchos que hablan otras lenguas o dialectos a lo largo y ancho de la región.

¿Recuerda el proverbio que dice: *Si no está roto, no lo repare*? Bueno, pues la verdad no veo nada de malo en referirse a aquellas personas de piel más oscura como "negros", si al hacerlo no se hace a manera de insultarlos o peyorativamente.

Si nos enredamos en el juego enfermo de lo políticamente correcto, entonces, uno podría sentirse de igual manera insultado por ser llamado "blanco", particularmente en una época en la que tal designación es tan frecuentemente asociada con aquella otra, "supremacista", lo cual la mayoría (por mucho) de los que podríamos ser considerados blancos no somos.

Claro que si decidiéramos intelectualizar ambos términos: "gente negra" y "gente blanca", la verdad es que ninguno de los dos hace el menor sentido; por lo menos para mí, siendo que hasta el día de hoy no he conocido a ni una sola persona cuya piel sea, literalmente, blanca o negra.

¿Entiende lo que quiero decir? Seguro que sí: el caso es que algunos de nosotros somos más "pálidos" mientras que otros son más "bronceados", pero ninguno "blanco" o "negro".

"¿Pero a quién se le ocurre semejante tontería?" Podría usted preguntar. "Estamos hablando de R-A-Z-A no de color de piel. ¡Por favor!" Ah, ¿o sea que lo que usted quiere decirme entonces es que absolutamente todas las personas negras en Estados Unidos pertenecen a una misma "raza" que abarca el continente africano completo, Australia, ciertas islas del Pacífico sur y el Caribe, y que todos los latinos, a decir, los argentinos descendientes de italianos; los puertorriqueños, cubanos y dominicanos, mayoritariamente negros; los brasileños, de ascendencia alemana o japonesa; los mexicanos entre cuyos ancestros se cuentan aztecas y españoles; y los guatemaltecos que dicen descender de los mayas, o los que son de raza mixta (como seguramente es mi caso), todos, sin excepción, pertenecemos a una misma R-A-Z-A?

Mi punto es que ambos términos: "negro" o "afroamericano", tienen sus bemoles y son igualmente debatibles. La verdad del asunto es que lo importante no es cuál se utilice, sino en dónde está uno parado con respecto a cuestiones raciales.

La discriminación racial o de cualquier otra índole no tiene cabida en nuestra sociedad siendo que todas las personas merecemos ser tratadas con el mayor y más legítimo respeto, y no porque lo diga yo, sino porque el Creador de todos nosotros así lo exige.

Recuerde, *lo perfecto es enemigo de lo bueno*. Hay tantos otros asuntos serios e importantes que atender en nuestro mundo hoy día, que no vale la pena dedicarle ni un solo minuto elucubrando alrededor de banalidades, sino más bien debemos todos enfocarnos en aquellas situaciones que más allá de cualquier duda le están pasando una costosa factura a la humanidad.

¿Sabe algo? Tristemente, es innegable el hecho de que existen blancos supremacistas: personas tan enfermas y estúpidas que están convencidas de que por el simple hecho de que su piel es comparativamente más pálida que la de otros, ellos son de alguna manera mejores; pero, infortunadamente, por igual los hay "negros supremacistas" y "pseudointelectuales supremacistas" y "liberales supremacistas"…

A través de toda la historia de la humanidad ha habido grupos de personas congregadas alrededor de la creencia falsa de que de alguna manera o por alguna razón son mejores que el resto, no por algo que hayan hecho o logrado sino por la mera circunstancia de "quiénes son" (por ejemplo, ser "blancos" en contraposición con ser "negros" o "latinos"; arios versus "de raza impura"; musulmanes y no "infieles"; romanos como opuesto a patricios; españoles o criollos y no indígenas; hombre versus mujer, y así sucesivamente). Tales posturas nunca han hecho sentido ni nunca lo harán; somos lo que somos no por elección sino producto de la casualidad —como algunos creen— o por diseño Divino como yo creo y afirmo.

¡Perdone usted por el desvío! ¿En dónde me quedé? Ah, sí, decía que era una total idiotez considerar al Presidente Trump como un discriminador, como los medios de comunicación quisieran hacernos creer. El Presidente Trump es por sobre todo, un patriota y un líder pragmático y, como tal, siempre se rodea de las personas más capaces disponibles, sin que le importe su género, color de piel (o "raza", si usted insiste) o cualquier otro factor que no tiene incidencia alguna en la capacidad del individuo para ocupar un cargo o llevar a cabo una determinada labor.

¿Sabe algo? Yo me sentí trágicamente defraudado y estafado por el hecho de que el primer negro en convertirse en presidente de Estados Unidos haya resultado ser un fiasco y, más allá, que haya hecho todo lo que estuvo en sus manos para fortalecer a los enemigos de esta gran nación al tiempo en que tomaba intencionalmente todo tipo de decisiones encaminadas a debilitar la economía y poder militar americano. No es justo para los negros estadounidenses: haber esperado tanto tiempo para al final resultar miserablemente avergonzados por semejante cretino.

Como todas las personas de buena fe, yo anhelaba atestiguar el que un negro se convirtiera en presidente de Estados Unidos.

Cuando finalmente ocurrió, oré porque fuera digno de todas las esperanzas y expectativas que recaían en él; tristemente, Barack Obama, lejos de corresponder la buena fe y confianza de sus compatriotas, los traicionó.

Barack Obama no es un digno representante de los hombres y mujeres negros estadounidenses, que en su gran mayoría son personas de trabajo duro y temerosos de Dios; de hecho, él es una desgracia no sólo para los negros americanos, sino para toda la humanidad: Un egocéntrico, santurrón, hipócrita y embustero, que merecería terminar sus días en la cárcel por traicionar a su patria y a las personas que lo eligieron:

- Proveyó de miles de millones de dólares y armamento a archienemigos declarados de Estados Unidos, por igual organizaciones terroristas –Hezbollah e ISIS– o regímenes corruptos, tiránicos y extremistas como Irán, que de manera abierta y reiterada han declarado la guerra en contra de Estados Unidos y de todo aquello en lo que este país cree y defiende

- Llevó al borde de la quiebra a la economía estadounidense, imponiéndole cargas exageradas tanto a individuos (Obamacare) como a corporaciones americanas (el Plan de Energía Limpia, el Acuerdo de París, el Tratado de Asociación Transpacífico, etc.)

- Intencionalmente, maniató a las fuerzas militares en su capacidad de combatir toda forma de amenaza en contra de los americanos (tal como fue evidente en los eventos en Bengasi en 2012)

- De forma premeditada, puso en riesgo la integridad y seguridad del territorio americano, siendo condescendiente con las ciudades y estados que han tenido la desfachatez de autodenominarse "santuarios", desafiando abiertamente las leyes migratorias y –siendo él mismo abogado y, por lo tanto, con pleno conocimiento– otorgándole inmunidad a cientos de miles de inmigrantes ilegales (DACA en inglés,

USCIS en español), usurpando flagrantemente funciones que le corresponden al órgano legislativo (Congreso)

Es por tanto que, con base en hechos fácticos, uno puede (yo ciertamente lo considero así) afirmar que Barack Obama es un racista fanático e intolerante. Sí, es un racista que odia a los americanos y que utilizó su posición para sabotear a Estados Unidos en todas las formas concebibles con el objetivo de brindarles a los radicales islamistas una posición ventajosa para imponer sus odiosos ideales por sobre aquellos por los que generación tras generación de valientes americanos han peleado por defender.

De igual manera, me siento muy agradecido por el hecho de que Hillary Clinton haya sido derrotada en las elecciones por el ahora Presidente Trump, lo cual impidió que una persona a todas luces corrupta y de moral retorcida se convirtiera en la primera mujer en llegar a la Casa Blanca. No hubiera sido justo que la vasta mayoría de mujeres americanas, honorables y decentes, tuviera que vivir con el hecho de que a ella, la más vil y deplorable, le tocara ser la primera mujer que alcanzara tal posición de honor.

Dios, en Su misericordia, nos evitó la desgracia que hubiese significado la presidencia de Hillary Clinton. ¡Imagine cuánto daño podría infringirle no sólo a Estados Unidos sino al resto del mundo una persona como ella desde una posición con tanto poder!

Primero Dios, pronto tengamos el privilegio de ser testigos de la juramentación de un digno patriota negro y de una mujer capaz como presidente o presidenta de Estados Unidos, que asuma este cargo con inquebrantable integridad.

De vuelta a mi punto de que la Guerra Fría está lejos de terminar, nosotros, los que luchamos por la libertad, debemos de mantenernos muy atentos a los eventos cotidianos que se han convertido en los lodazales en los que ahora se libran las batallas.

Es fundamental que tengamos siempre presente el hecho de que los comunistas modernos no se presentan a sí mismos como tales, pero son tan mezquinos y despiadados como lo fueron sus predecesores. Ellos se autorretratan como personas sensibles, y compasivas, y dedican su vida a salvar de la extinción a toda clase de animales en medio de la nada, o propugnando en contra del hecho científico de que el sexo es binario: hombre o mujer; o, simplemente, a su actividad favorita: emprendiéndola en contra del Presidente Trump.

Las formas han cambiado un tanto, siendo ahora más sutiles, pero el objetivo sigue siendo exactamente el mismo: destruir nuestra manera de vivir.

En vez de presentarse frontalmente, ahora ellos causan daño desde dentro tomando posiciones en las entrañas mismas de la sociedad para infectarla desde la raíz. Los comunistas modernos o neocomunistas del siglo XXI o como quiera que elijan autodenominarse, aprendieron su lección y entendieron que no tienen la más mínima probabilidad de alcanzar sus objetivos a través de las armas; por lo que ahora su estrategia es "dividir para vencer".

Una sociedad polarizada es vulnerable, prueba de lo cual es el hecho de que uno de los partidos políticos predominantes en Estados Unidos –que representa más o menos al 50% de las preferencias electorales– está tendiendo hacia el socialismo a una velocidad alarmante.

Como ya lo mencioné, la estrategia predilecta de los socialistas es abrazar toda clase de "causas" para confrontar a los conservadores desde todos los flancos posibles, utilizando los medios de comunicación –tradicionales y digitales– para desacreditar todos aquellos principios eternos sobre los que Estados Unidos está cimentado.

Para los estadounidenses, ciertamente es un momento histórico en el que requieren pararse en la brecha con firmeza para defender con valor aquello que han heredado:

Es necesario que conquistemos, pues nuestra causa es justa

Y éste nuestro lema: "En Dios está nuestra confianza."

¡Y la hermosa bandera adornada de estrellas ondeé por siempre

Sobre la tierra de libertad y hogar de los valientes!

www.ingramcontent.com/pod-product-compliance
Lightning Source LLC
Chambersburg PA
CBHW031116250726

48655CB00004B/1729